金融メルトダウンが世界を襲う

マネーと時間と心の一般理論

Financial Meltdow
Attacks
the Global Econon

本間　裕　著
Yutaka HOMMA

社会評論社

金融メルトダウンが世界を襲う　マネーと時間と心の一般理論　＊目次

はじめに

２０１８年９月に「金融メルトダウン」が世界を襲う可能性が高まってきた。第一章で詳しく説明するとおりに、２００８年前後の「ＧＦＣ（金融大混乱）」が、実は「金融大地震」だった。そして、その後の「量的緩和（ＱＥ）」は、先進各国の中央銀行が国債の大量買い付けを実施し、「時間稼ぎ」と「問題の先送り」が行われただけの状況でもあった。

「コンピューターマネー」という「仮想現実」の世界で、金融メルトダウンが進行していたが、人々の生活に影響が及ばなかったために、実情に気付かなかったのである。自然界の大津波が、はるか沖で大きな波を形作ったものの、陸地にいる人々にはまったく影響がなかったような状況でもあった。

２０１６年半ばに、世界的な「国債バブル」が発生し、「マイナス金利」がピークを付けた。世界的な金融システムにおいて、金融メルトダウンが「国債バブル」を引き起こしたのである。

２０１７年にビットコインのバブルが発生し、すぐに崩壊した。金融メルトダウンが「預金」の部分にまで侵食したが、この時にも、インフレの大津波や金融メルトダウンの実情に気付く人は、ほとんど存在しなかった。

まさに、ケインズが述べたとおりに、「通貨の堕落が引き起こす崩壊の力は、百万人に一人も気づかないうちに進行する」という状況だった。

２０１８年の初頭、「インフレ懸念」が台頭した。１９７３年の状況が思い出されるが、当時は年初に、やはり「インフレ懸念」が台頭し、その後、「穀物の輸入規制」や「狂乱物価」に移行した状況でもあった。

金融メルトダウンが「紙幣」の部分にまで侵食した時に、本当の「インフレ（通貨価値の下落）」が発生する。国債価格が暴落し、金利は急騰、そして、今まで隠されていた「デリバティブ（金融派生商品）のバブル」が完全崩壊するものと思われる。

「インフレの大津波」が世界を襲い、人々は大混乱の状態に陥るものと推測されるが、このことは、現在、多くの人が感じている「漠然とした不安」が「現実の脅威」に変化する時である。

「日本の国家財政は、本当に大丈夫なのだろうか」
「少子高齢化で、日本の将来は、どのようになるのだろうか」

最近の「官僚による不祥事や公的文書の改ざん問題」などは、１９８７年から始まった「世界の膿出し」が最終局面に達したことを意味しているが、実は「外堀」が埋まった段階にすぎない。

「本丸」はやはり、ピーク時に「約8京円」という天文学的な規模にまで大膨張したデリバティブである。何らかの大事件が9月に発生するものと思われるが、このことを理解するためには「五次元の経済学」、すなわち「志の経済学」を理解する必要がある。

第五章で述べるとおりに、２０１６年に、ようやく基礎理論が完成した。金融界に従事して40年目のことだった。現在では、この理論の応用により、世界情勢がはっきり理解できるものと考えている。

志は「心指し」である。歴史を振り返ると、結局は「人々の心が、どの方向に向いているのか」により、それぞれの時代や社会が形成されることが理解できる。

私が創った「心の座標軸」において、現在、人々の心は、１６００年前の「西ローマ帝国の時代」と同様に、「目に見えるもの」と「自分」に向かっている。

「マネーの大膨張」と「グローバル化」は、このことが主な要因であるが、その結果として、現在では「心の闇」が世界を支配し、さまざまな悩みや苦しみが発生しているのである。

「世の中は、どのようなメカニズムで動いているのだろうか」

「世界は、今後、どのような展開を見せるのだろうか」

今まで、これらの問題を考え続けてきたが、やはり問題は、「イエレン前ＦＲＢ議長」が提起したように、「経済学の未熟さ」が指摘できる。既存の経済学は、「現在」だけを切り取り分析する「三次元の経済学」であり、「実体経済」だけに注目し、「マネー経済」を無視した「天動説の経済学」である。

「価格は需要と供給で決まる」ということは、中学生でも知っている事実であるが、「需要はどのようにして決定されるのか」を説明できる人は、現在、皆無の状態である。ビジネスや投資で求められているものは、「これから、どのようになるのか」という、「時間の変化」を考慮した「四次元の経済学」である。

しかも、人間の心は死後の安寧を望み、神社仏閣まで建立するという、たいへん厄介な代物でもある。需要の決定要因は、「死後の世界」までも考慮した「五次元の経済学」でしか説明が付かないのである。

「心の座標軸」と「文明法則史学」が結びついた結果として、人類の歴史はほぼ説明が付いた。「お金の謎」と「時間のサイクル」、そして「心の謎」を解明することが、私自身のライフワークだったが、現在では、3分の2程度が完成した。この理論を基にして、これからどのような時代が訪れるのかを考えてみたい。

現在、「日銀の債務超過」や「先進各国の財政破綻」などが、マスコミの話題となっている。さまざまな事件が発生し、人々の心の闇は深くなる一方だが、闇を照らす光は「真理」である。

現在は、仏教が教える「無明」の時代である。しかし時代の混迷期は、反対に、新たな「光」が照らされる時でもある。

今から300年ほど前、「ケプラーからニュートンへ」という言葉のとおりに、新たな光が照らされ、自然科学が飛躍的な発展を始めた。ケプラーが天体のサイクルを発見し、ニュートンが万有引力の法則を発見したからである。

60年ほど前、村山節氏が「文明法則史学」という「歴史のサイクル」を発見した。今後は、人間の行動を研究する「社会科学」において、「一般的な理論」が発見される時を迎えている。時代の大転換期は、新たな理論が生まれる時であり、この結果として、人類は絶えざる進化と創造を繰り返す。この点に関して、私の著書が少しでも役立つことを、心から望む次第である。

第一章　金融メルトダウンの予兆

私は、２０１５年に『金融大地震とインフレの大津波』という本を上梓した。間もなく世界的な金融大混乱が発生し、その後の大インフレを想定していたからだが、実際には、若干の間違いがあった。

今回、気付かされたことは、これから金融大地震が起こるのではなく、「現在が、まさにこの渦中にある」という事実だった。

■グローバル金融危機　２００８年前後

「２００８年前後のＧＦＣ（グローバル金融危機）」が、実は金融の大地震を意味していた。また、その後の「国債価格のバブル」や「マイナス金利の発生」、そして「ビットコインバブル」

は、次の図のとおりに、インフレの大津波が、すでに我々を襲っていた状況だったのである。

しかしこれも、単に沖で波が高くなったような状況にすぎず、ほとんどの人は実情が理解できなかったのである。「自然災害の大地震」と「大津波」、そして「金融大地震」と「インフレの大津波」には、時間的な違いが存在するということが、今回、私が改めて認識させられたことだった。

２０１１年の「３・１１の大震災」の時には、地震の発生後、わずか数十分間で津波が押し寄せた。しかし、今回の金融大地震では、「インフレの津波」が、我々の生活を脅かすまでに、「約10年」という時間が必要だったのである。

■量的緩和とマイナス金利　２０１６年

「２００８年前後の金融大地震」の後、最初に発生したのは「世界的な国債バブル」だった。「量的緩和（ＱＥ）」の名のもとに、先進各国中央銀行が、大量に

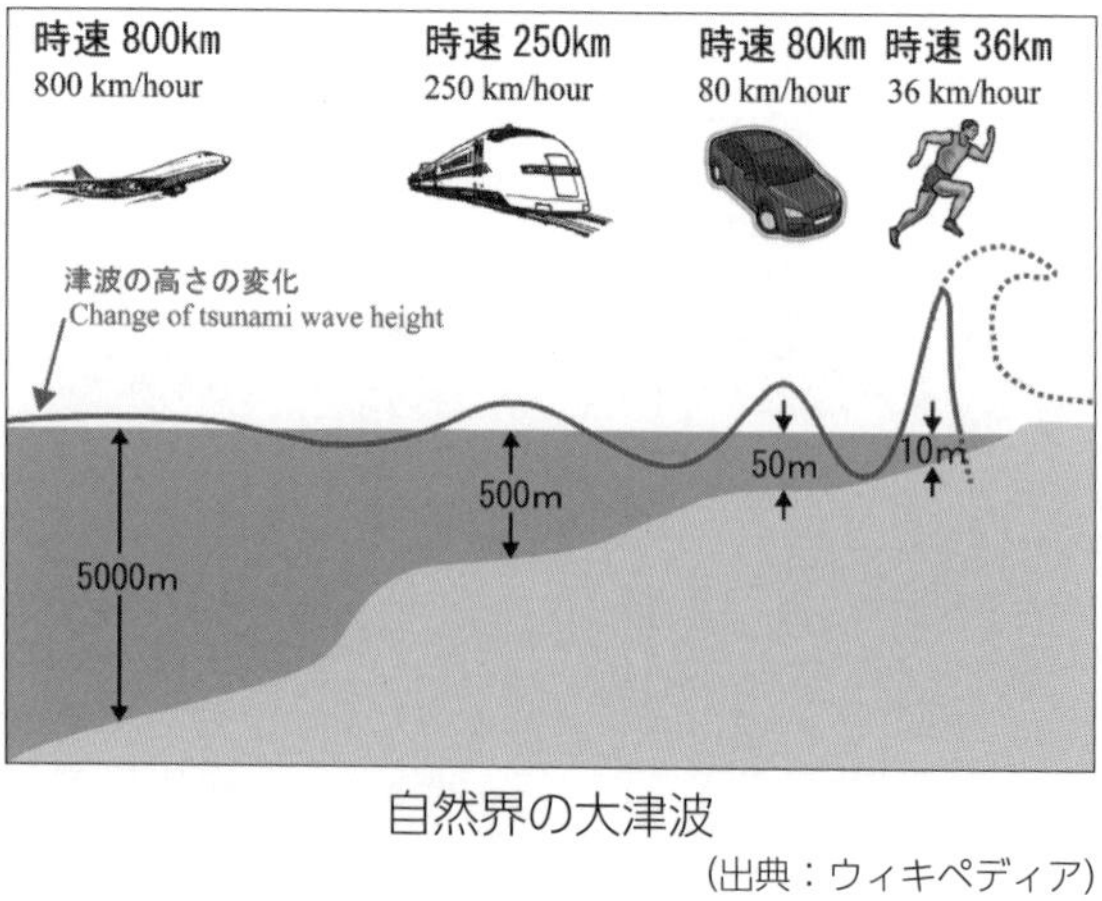

自然界の大津波
（出典：ウィキペディア）

国債を買い付けたのである。その結果として、人類史上初めてのマイナス金利までもが発生した。なんと、「お金」を借りると「借りた人が金利を貰い、貸した人が金利を払う」という本末転倒した状態が発生したのである。

しかし、ほとんどの人は、「私には関係のないことだ」という態度を取り続けた。「インフレの大津波」が理解できず、また、「マイナス金利の異常さ」にも気付かなかったからだが、どのようなバブルも必ず崩壊し、その後、異常事態が是正されることになる。

米国の30年国債（月足）

■ビットコインバブル　2017年

次に発生したのは、「ビットコインのバブル」だった。わずか1年で、価格が20倍にも上昇したが、その後、あっという間に価格が急落した。この出来事により、一般庶民が、身をもって「マネーの大膨張」の恐ろしさを実感し始めた時で

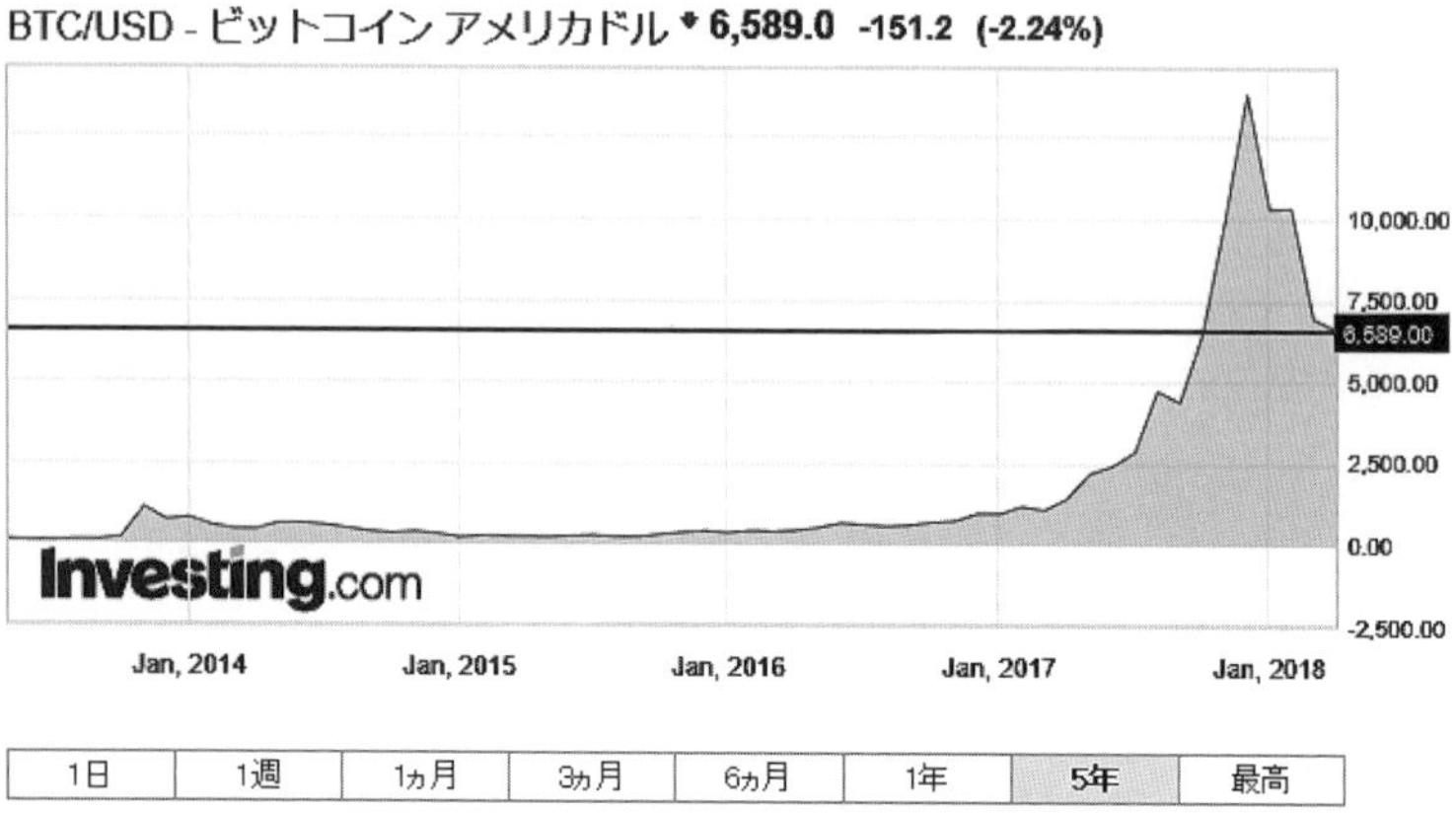

ビットコインのバブル相場

もあった。

「金融大地震」の後、10年間で二つのバブルが発生したが、どちらのバブルも、単に「コンピューターマネー」という仮想現実の世界で発生した事件にすぎなかった。

ピーク時に「約8京円」にまで大膨張した「デリバティブ（金融派生商品）」が崩壊を始め、金融のメルトダウンが発生したのである。デリバティブの損失を隠すために、ありとあらゆる手段が使われた結果として、債券や預金の部分が膨張したのだった。

■仮想現実から現実世界へ

現在では、先進各国において、金融緩和からの出口戦略が始まった。また、日銀の国債買い付けにおいて、資金面の問題が出始め、これ以上の資産増加が難しくなった。水面下で押し寄せてきた「インフレの大津波」が、いよいよ、我々を襲う段階に差し掛かってきたのである。

まさに、ケインズが指摘した「通貨の堕落過程では、百万人に一人も気づかないうちにインフレが進行する」という状況だったが、今回は2008年9月15日のリーマンショックを中心線、そして、1998年9月18日に発生したLTCM事件を起点とすることにより、2018年9月という新たな日時が浮かび上がってきた（次頁に図）。そのために、過去の推移について、反省も含めて振り返ってみたい。

実際の事件が発生する数か月前に、今回のような「一種の閃《ひらめ》き」とも言える、スッキリとした感覚を得られたのは、今回で「五度目」になる。今年が、社会人人生として「42年目」、すなわち通常の人生における「厄年（42歳）」を迎えたが、

【実体経済とマネー経済】

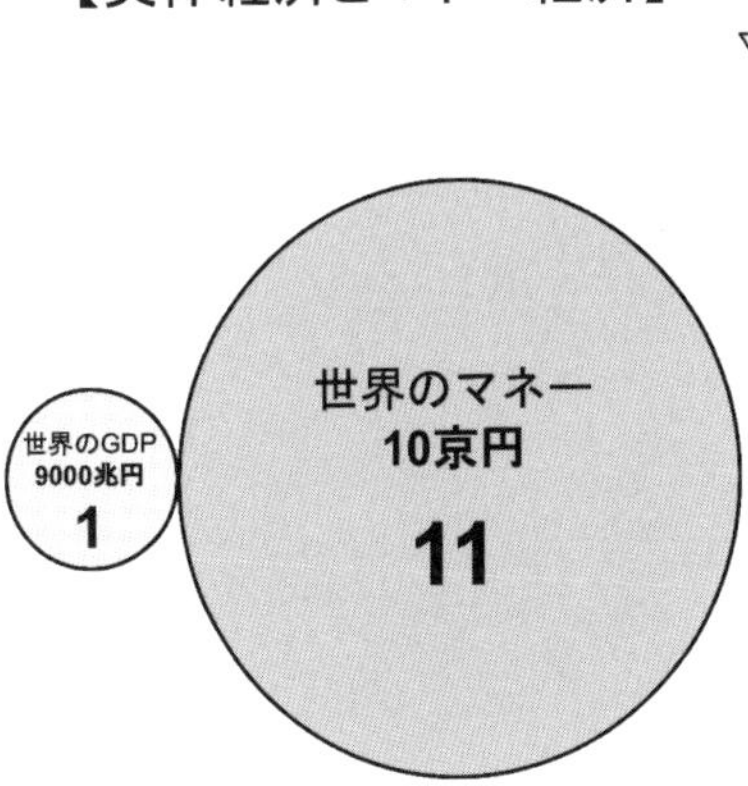

【金融の逆ピラミッド】

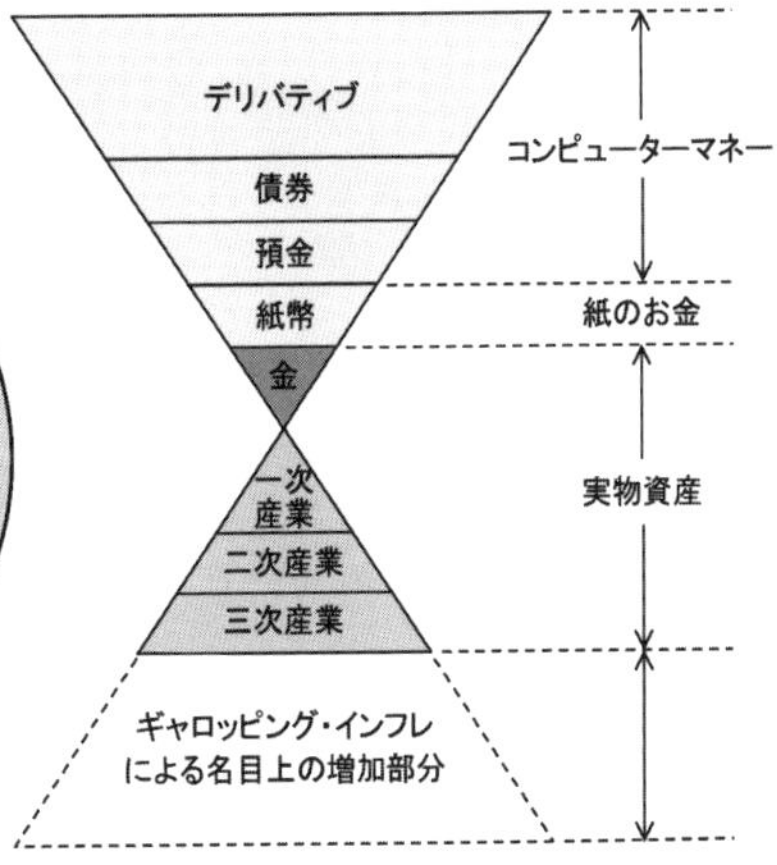

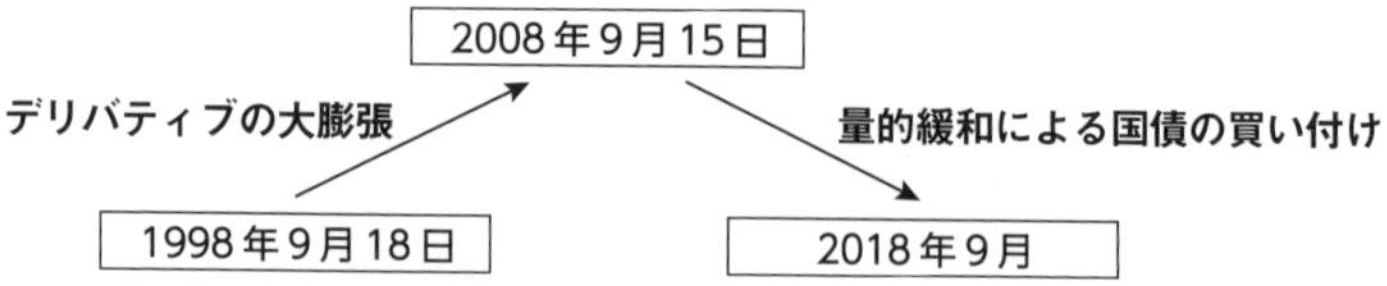

時間とエネルギーの左右対称理論
（出典：株式会社テンダネス）

この間に、最初の感覚、あるいは、閃きを得られたのが「１９９６年末」だった。この時には、「１９９７年８月」から世界的な「信用収縮」が始まることに対して、強い確信を抱くことができた。

また、「二度目」が「２０００年のＩＴバブル崩壊」であり、暦の応用により、簡単に予測が可能だった。ただし、この点に関する問題は、「なぜ、２００９年に金のバブルが発生しなかったのか」ということでもあった。本来は、「西暦末尾に９の付く年」がバブル発生の年であり、サイクル論からは「２００９年」に「金のバブル」が再来するはずだった。しかし、実際には「国債」と「金」とを巡る「世界的な金融大戦争」が継続しており、「国債を守る陣営」が、ありとあらゆる手段を行使した結果として、時間的な遅れが発生したのである。

「三度目」が「２００１年の９・１１事件」だったが、この点については、前書で説明したとおりに、ほぼ想定どおりの時期に、血を見るような大事件が発生したのである。

「四度目」が「２００６年末」であり、「１９９６年末」と同様に、

「2007年7月からの金融大混乱」がはっきり見えた。

しかし問題は、その後の10年間だった。あまりにも異常な「世界的な国債価格の上昇」が発生したからだが、今回の「時間とエネルギーの左右対称理論」で、全てが腑に落ちたような感覚を得られた。

▪実践の役に立たない為替理論

「過去40年余りの期間に、世界の金融界がどれほどの変化をしたのだろうか」という思いを持たざるを得ないが、私は、1977年に大和証券に入社し、金融業に従事し始めた。当時の想い出としては、日経平均が「5000円」に到達し、多くの人が喜んでいた状況が浮かび上がってくる。

当時は、実体経済もマネー経済も、現在とは比較にならないほどに小さな規模だったが、その後、「人類史上最大規模のマネー大膨張」が世界的に発生した。

「1971年のニクソンショック」をキッカケにして、「マネー経済」が、糸の切れた凧のような状況となり大膨張を始めた。「信用本位制」という言葉のとおりに、通貨の根本が人々の「信用」や「錯覚」に変化し、「お金を儲けたい」という人々の欲望が、マネー大膨張の推進力となったのである。

この結果として発生したのが、「１９７９年の金（ゴールド）バブル」だった。「１９７９年」に金価格が急騰したものの、「１９８０年」にバブルが崩壊した。当時の私は何も分からずに、ただ価格の乱高下に驚くだけだった。

/ 金価格と日経平均株価の推移

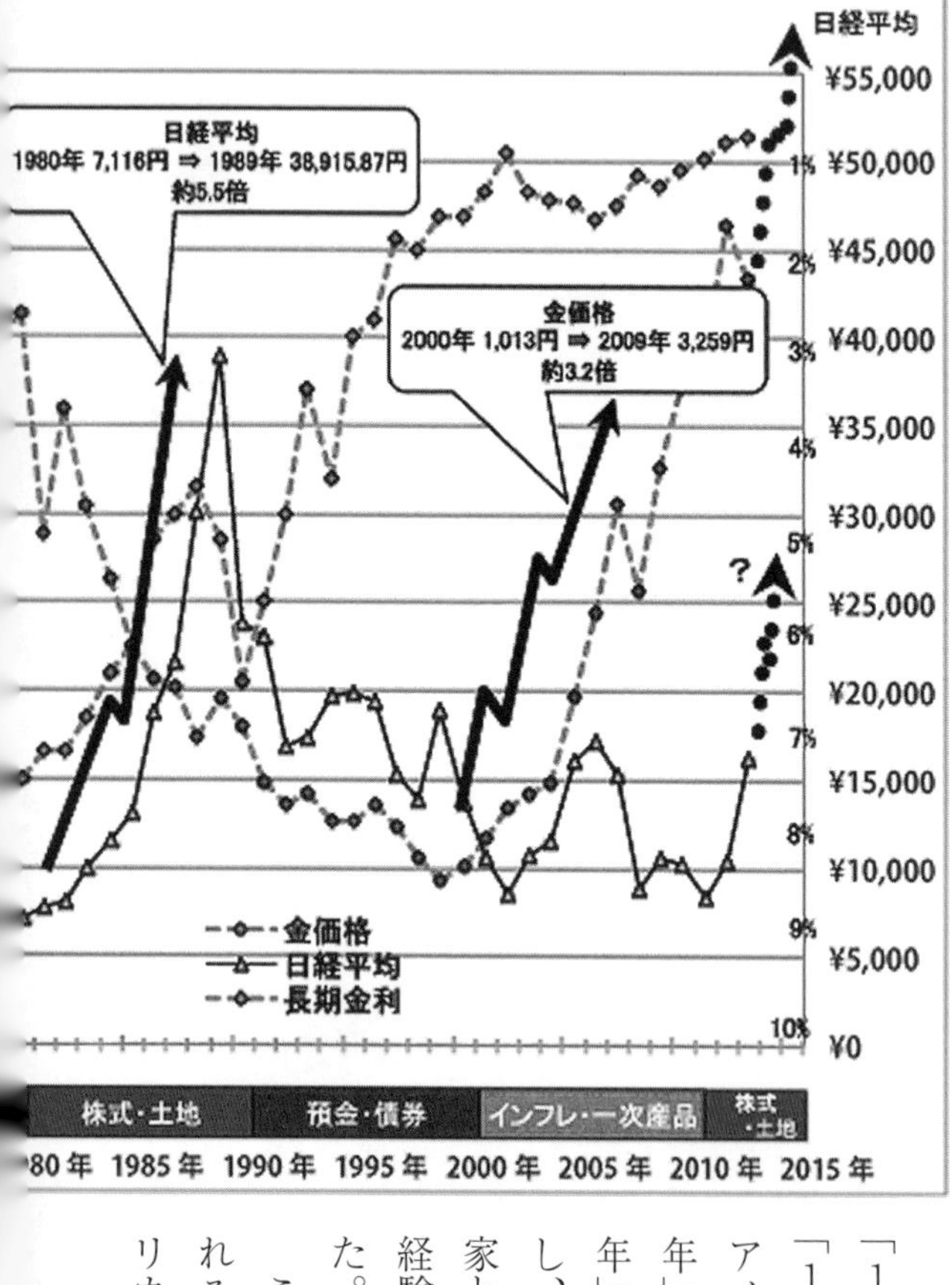

その後、私は、「１９８１年」から「１９８７年」までアメリカ、「１９８７年」から「１９９１年」まで香港に駐在し、さまざまな投資家と、投資の実践を経験することができた。

この時に想い出されることは、「アメリカの大学で学んだ

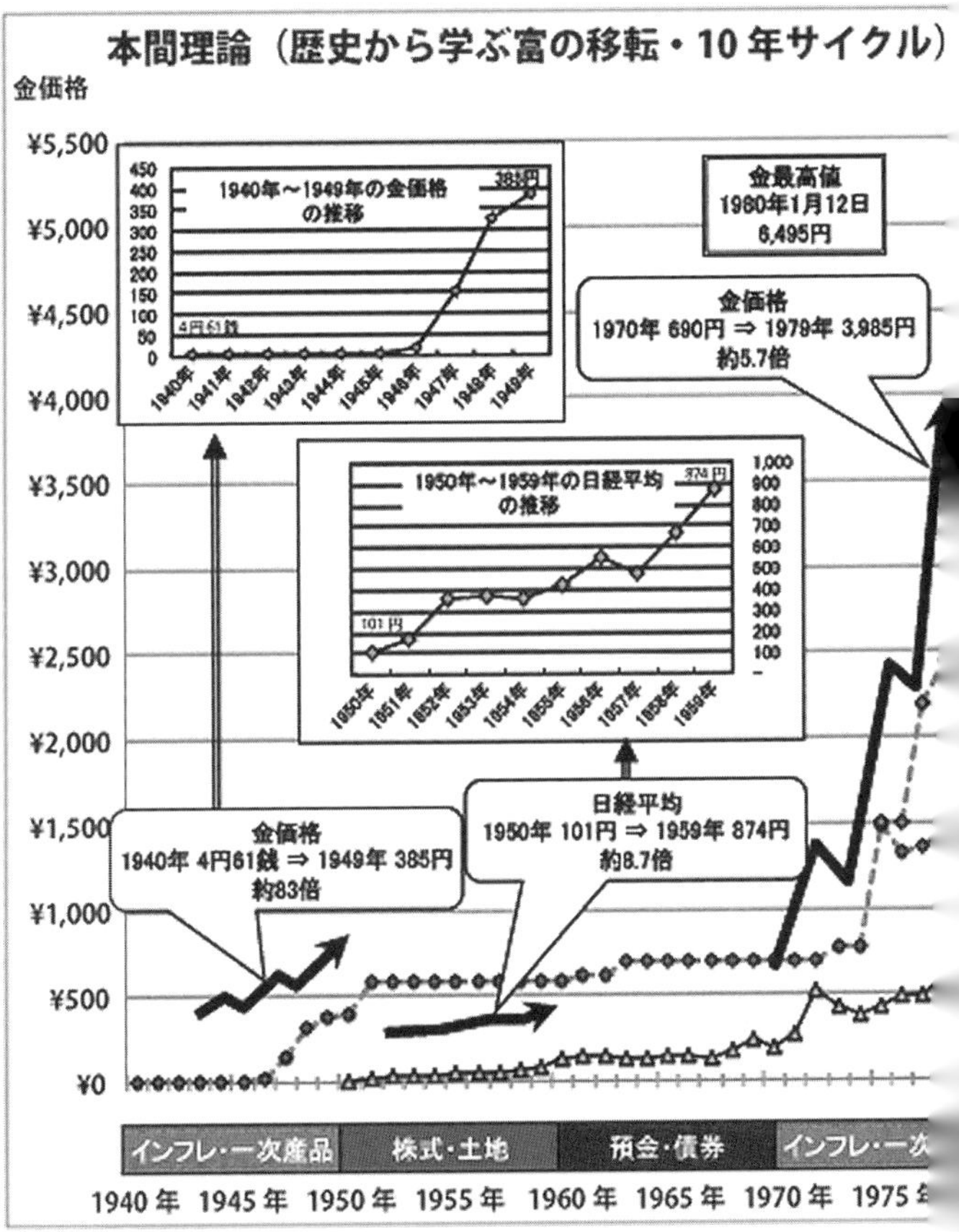

歴史のサイクル

（出典：株式会社テンダネス）

為替理論が、全く実践の役に立たなかった」という事実だった。いろいろな書物を読みながら、「なぜ、既存の理論が実践の役に立たないのか」を考え続けた。

結果として得られたのは、やはり異常なまでのマネーの大膨張だった。

1980年代の日本では「経済の金融化」が進展し、金融業の存在感が増した

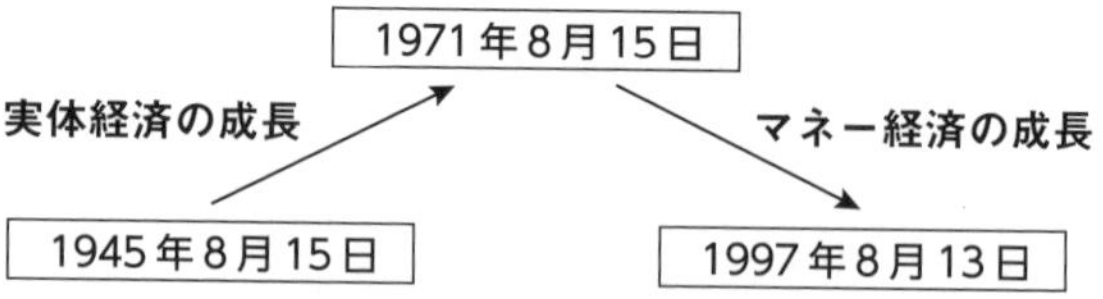

信用収縮の発生

（出典：株式会社テンダネス）

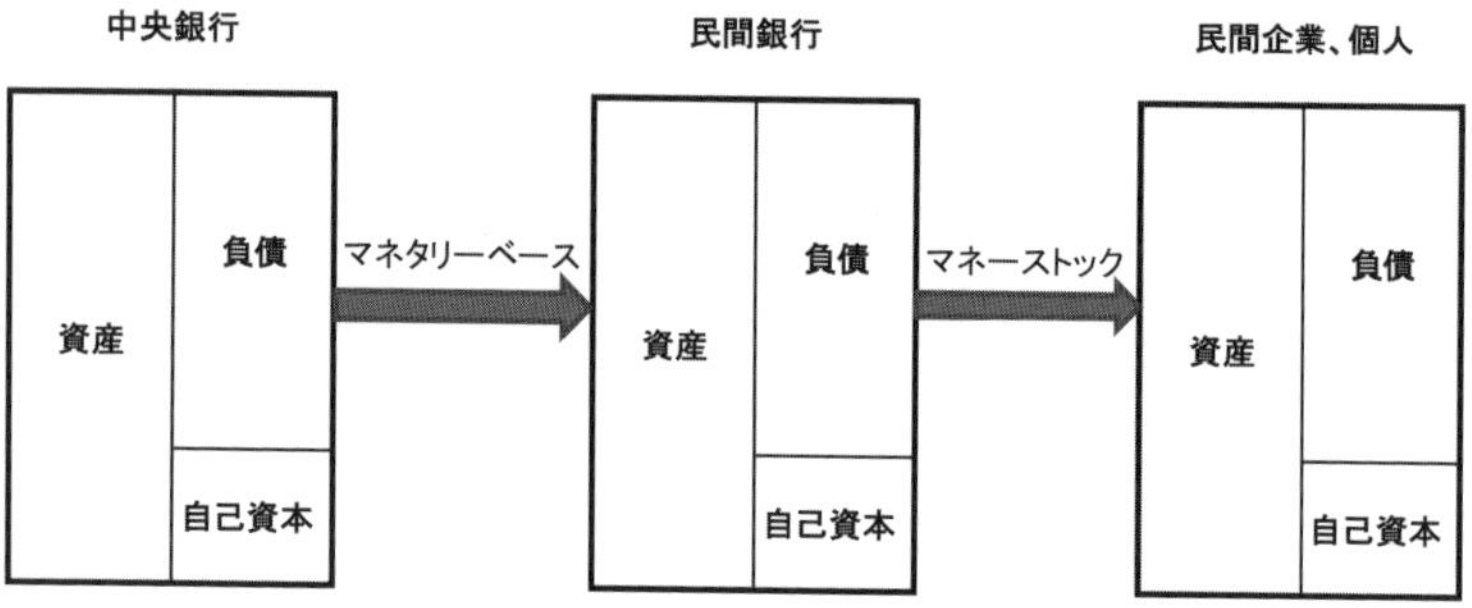

信用創造のメカニズム

（出典：株式会社テンダネス）

のである。１９９０年前後には、日本の銀行が世界の預金の４割を保有する状態にまでになったが、この時に実施されたのがいわゆる「ＢＩＳ規制」だった。「銀行は、自己資本を８％維持すべきである」という内容だったが、このことは「日本のバブル」を潰すための規制でもあった。

その結果として、日本の土地と株式のバブルが崩壊し、大量の不良債権が発生した。前述のとおりに、この時に得られたのが最初の経験、あるいは発見でもあった。「１９９６年末」に、「１９９７年８月15日が要注意日である」と

戦後日本の経済成長

	1951～55	1956～60	1961～65	1966～70	1971～75	1976～80	1981～85	1986～90	1991～95	高度成長期(1956～72)平均	安定成長期(1973～95)平均
国内総支出	9.0	9.0	9.1	10.9	4.5	4.3	3.4	4.8	1.4	9.3	3.
民間最終消費支出	10.4 (6.4)	8.5 (5.6)	8.6 (5.5)	9.2 (5.7)	5.3 (3.2)	3.9 (2.3)	3.1 (1.9)	4.4 (2.6)	2.0 (1.2)	8.7 (5.5)	3. (2.
民間住宅	16.4 (0.4)	14.6 (0.5)	18.1 (0.8)	14.8 (0.9)	6.5 (0.4)	−0.4 (−0.0)	−1.2 (−0.1)	9.6 (0.5)	−2.0 (−0.1)	15.5 (0.8)	1. (0.
民間企業設備	−3.7 (−0.4)	26.5 (1.7)	9.1 (0.9)	22.9 (2.7)	0.6 (0.1)	5.3 (0.7)	6.3 (0.9)	10.2 (1.7)	−2.4 (−0.5)	17.3 (1.6)	4. (0.
政府最終消費支出	28.1 (3.7)	3.3 (0.6)	5.3 (0.8)	4.4 (0.5)	5.5 (0.5)	4.1 (0.4)	2.5 (0.3)	2.5 (0.2)	2.4 (0.2)	4.4 (0.6)	3. (0.
財貨・サービスの純輸出	(−0.3)	(−0.3)	(−0.1)	(−0.3)	(0.1)	(0.4)	(0.7)	(−0.6)	(−0.0)	(−0.2)	(0
財貨・サービスの輸出	−7.1 (−0.6)	11.2 (0.4)	15.3 (0.6)	17.3 (0.9)	9.3 (0.6)	9.7 (0.8)	7.0 (0.7)	3.7 (0.4)	4.1 (0.5)	14.0 (0.6)	6. (0
(控除)財貨サービスの輸入	−0.7 (−0.3)	16.6 (0.7)	12.3 (0.7)	17.5 (1.1)	6.2 (0.5)	4.4 (0.4)	0.7 (0.0)	11.7 (0.9)	4.8 (0.5)	14.7 (0.8)	5. (0
(参考)期末名目GDP/GNP(実額、兆円)	8.63	16.66	33.67	75.15	152.21	245.36	325.50	441.59	489.75		

注1）数値は各期間の成長率の平均(各年度成長率の合計/合計した年度数)
注2）( )内は、各期間の国民総支出に対する寄与度の平均(各年度寄与度の合計/合計した年度数)
注3）昭和30年以降は国民経済計算、昭和29年以前は国民所得統計等による。
資料）経済企画庁編「戦後日本経済の軌跡　経済企画庁50年史」

いう認識を持ったのである。理由としては、「日本の敗戦」から「ニクソンショック」までが「26年間」であり、また、「8月15日」という同じ日でもあったからだ。

「実体経済の成長」が、その後「マネー経済の大膨張」を引き起こし、この時に「時間とエネルギーの理論」が応用可能なようにも感じた。つまり、「ニクソンショック」から26年後の「１９９７年８月15日」に、「信用収縮」が始まる状況を想定したのである。実際には、「8月13日」という「2日違い」で、タイの信用収縮が始まった。「民間金融機関」に溜まった不良債権が、さまざまな問題を引き起こしたのだが、その後、「国家」が全ての不良債権を引き受ける展開に変化した。

「二度目の経験」は、「2000年のITバブル崩壊」だった。「西洋暦で末尾に9の付く年にバブルが発生し、ゼロの付く年に崩壊する傾向がある」という事実に気付き、結果として「ITバブル崩壊」の被害に遭わずに済むことができた。

その後、「ITバブル崩壊」により「これから中央銀行や国家の破綻が発生する」という認識を持ち、「金（ゴールド）」の購入を勧めたが、同時に発生したことは「金融界の大量破壊兵器」と呼ばれる「デリバティブ」の大膨張でもあった。

2000年前後に「約8000兆円」という規模にまで膨らんだのだが、この数字にはたいへん驚かされた。「日本の土地バブル」が「時価総額が約2500兆円」であり、「日本の土地を売ると、南極も含めて、全世界の土地が買える」と言われた金額だったからだ。「日本の土地バブル」の3倍以上もの規模で、「デリバティブバブル」が発生していたのである。

■予見できた大事件

私は、大和証券を辞めて、『マネーの逆襲』という本を上梓する決断をした。

この著書で述べたことは、「2001年の8月から12月にかけて、血を見るような大事件が発生する可能性」であり、このことが「三度目の経験」でもあった。結果としては、ほぼ想定どおりに、「2001年の9・11事件」が発生したが、現時点での反省点は、この事件の日時にこだわり過ぎたのではないかということである。

「成功体験」に固執し過ぎた結果、その後の判断に狂いが出たのである。冒頭の「時間とエネルギーの左右対称理論」において、起点の日時を間違えたのだった。

もう一つの反省点は、「西洋歴で末尾の7の付く年」にこだわり過ぎたことでもあった。やはり、「2007年7月」の成功体験が、私自身の判断を狂わせたのだが、このことが「四度目の経験」であり、前述のとおりに、「2006年末に、2007年7月に注意をすべきである」という警告を発した事実のことである。

ほぼ想定どおりに、「サブプライム問題」が発生し、株価が値下がりを始めたが、この時にも事前に予想ができていたために、「5月頃に、株式を大量売却した」という成功体験を得られた。

「2007年7月」から始まった「信用崩壊の嵐」は、「2008年9月15日」の「リーマンショック」まで継続したが、今から思えば、このことにも大きなヒントが隠されていた。「一年強も、混乱が継続した事実」のことであり、世界中の人々が、事実の認識に、時間がかかったものと思われる。

あるいは、事実が隠蔽された可能性もあるが、結果としては「約8京円」という規模にまで大膨張した「デリバティブ」に関して、先進各国の金融当局者が、事態の収拾に困り果てたのである。

この点については、「イエレン前FRB議長」や「バーナンキ元FRB議長」が、すでに詳しく経緯を説明している。

■想定される事態は何か

これから想定される事態は、「デリバティブのバブル崩壊」であり、「世界的な国債価格の暴落」である。

「何時、このことが発生するのか」というタイミングに関して、今回、「五度目の経験」が得られた。「9月の半ば」という可能性だが、現在、悩まされていることは、「国債価格の暴落」と「デリバティブのバブル崩壊」、そして「大インフレ」に関して、「9月半ばに、どの事件が発生するのか」という点である。

「9月半ば」までに「国債価格の暴落」が発生する可能性も存在するが、現在は外堀が埋まり、後は本丸の崩壊を待つだけの状況である。ただし、今までの推移からもお分かりのとおりに、最後の最後まで、予断を許さない展開が継続する可能性もある。また、この時に、人々の理解や認識も考慮する必要性があり、実際には「日本人が、現状を、ほとんど理解していないのではないか」という疑問も存在するのである。

「過去は見えるが、未来は見えない」、また、「未来を予測するためには、過去の事実を徹底検証すべきである」という事実のことだが、残念ながら現在の日本人は、過去の事実検証がほとんどできていないようにも感じられるのである。「マネー経済の大膨張」に関する理解や認識が不足しており、このことが今後、我々の生活に大きく影響を及ぼす可能性である。

「世界の実情」と「人々の認識」との差、あるいは、「人類の未来」や「百年の計」を考えなければいけない。現在の「最大の誤解」が、イエレン前FRB議長が指摘したように「デフレやインフレに関する認識」だが、この根本は、政府や官僚への信頼感である。

現在、政府や官僚の信用が失墜するとともに、日銀の資金繰りがきわめて厳しい状況となっている。間もなく、本当の意味でのインフレ（通貨価値の下落）が始まるサインである。

第二章　バーナンキ、イエレン、カルアナの未来予測

この章では、過去20年間に世界の金融界でどのようなことが起こったのかを、「イエレン氏」や「バーナンキ氏」、あるいは「ＢＩＳの総支配人を勤められたカルアナ氏」の講演を説明しながら振り返ってみたい。

２０１７年5月24日、「日本銀行金融研究所」が主催した「国際コンファランス」でバーナンキ前ＦＲＢ議長が講演した。英文で21ページという、たいへん長い文章であり、重要なポイントだけを抜粋しながら、説明を加えさせていただくが、基本的には、一般人となったバーナンキ氏が、日銀の招きにより講演を行ったという状況でもあった。

つまり、ホンネとタテマエが入り混じっており、この点を考慮しながら、慎重、かつ、丁寧に解説させていただく。

（1） 日銀で行われたバーナンキ元ＦＲＢ議長の講演

今回は、金融政策について、今まで何を学び、また、これから、どのようなチャレンジが待っているのかを説明させていただく。具体的には、今まで、日銀が先導役となって行ってきた金融政策における「革新」と「実験」について、我々は、何を学び、また、何を理解すべきなのかを考えることである。

私自身は、１９９２年以来、「日本の金融政策」について、色々と考え、論文を発表してきた。そして、ほとんどの論文が、日本が始めた、きわめて特殊な「金融政策への挑戦」、つまり、デフレや短期金利の下限に達した時に、どのような政策を実行したのかに刺激を受けたものであった。

（バーナンキ氏）

バーナンキ氏の演説は、このような内容から始まったが、この点については、若干、解説が必要である。つまり、「１９９７年の信用収縮」から始まった「世界的な非伝統的金融政策」について、「ほとんど全てが、日本発だった」という事実を述べているからだが、現時点でも、この点が日本人に理解されていないのである。

■日本発のきわめて特殊な金融政策

学者としては、これらの挑戦に、知的な興味を刺激された。しかし、私が、2002年に「FRB」に入ってからは、抽象的な議論では済まなくなり、我々自身も、2003年から「デフレ」、そして、2008年から「超低金利政策」の問題に直面せざるを得なくなった。そのために、今回は、私自身の論文とスピーチを振り返りながら、話を進めていきたい。

2004年に、金利が「ゼロ％」に近付いた時、「中央銀行は、打つ手が無くなった」と言われたが、この時に議論し、かつ、述べたことは、「日本とアメリカには、リフレーション政策の実行に関して、色々な手段が残されている」ということだった。

具体的には、「金利のフォワードガイダンス」という「前もって、将来の予想を語る方法」であり、また、「大量の資産購入」や「中央銀行が保有する資産構成の変化」、そして、「利回り曲線の操作」などだが、この時には、私自身も、「マイナス金利の実現」は予想していなかった。

（バーナンキ氏）

この部分は、バーナンキ氏が、素直にホンネを述べている状況であり、「学者の理論」と「為政者としての実践」の違いに悩まされた状況が、ありありと見て取れる。また、同時に理解できることは、日本発の非伝統金融政策が、日本単独で行ったものではなく、常に、アメリカやヨーロッパと水面下で議論してきた可能性である。

2002年に述べたことは、デフレ対策としての金融政策について、「政策を出し惜しみせず、大胆、かつ、先行的な行動が必要である」ということだった。具体的には、「インフレターゲットの設定」であり、同時に強調したことは、金融政策を補うための「財政政策や構造改革の必要性」でもあった。また、特に重要視したことは、「最後の貸し手」である中央銀行が、安定した金融システムを保証することであり、また、金融面での法律改正と銀行増資の必要性でもあった。

（バーナンキ氏）

バーナンキ氏については「ヘリコプターマネーの推進論者」、すなわち、「最後の貸し手である中央銀行が、紙幣の大増発を行えばインフレが発生する」という議論に固執しているものと、私自身も当時は考えていた。しかし実際には、「量的緩和（QE）」を実施することにより超低金利状態を発生させ、結果として問題の先送りと時間稼ぎに終始しただけだった。「学者」としての理論を、「為政者」としては実践できなかったのである。

しかしながら、全てが正しかったわけではなく、初期の論文では、私自身が楽観的過ぎた傾向があるとともに、デフレの克服に関して中央銀行の力を過信し過ぎ、その他の政策について聞く耳を持たなかったようにも感じている。具体的には、まだ学者だった2000年の論文で、「日銀は十分な対策を行わず、自分自身で危機的な状況を招いている」と批判した。

つまり、1933年にルーズベルトが行ったような異端の金融政策、あるいは、同時期の日本で、高橋是清が行った政策などのように、「大胆な政策を実行すれば、より良い結果が得られる」と主張した。

しかし、その後、私自身がFRBの総裁となり、重大な責任と、不確かな未来に直面した時には、以前のコメントに対して、後悔の念を抱かざるを得なかった。事実上の金利下限に達した時に、中央銀行が取れる手段は、いろいろ存在するが、実際には、日本でもアメリカでも、簡単なものではなかったのである。

（バーナンキ氏）

「机上の理論」と「政策の実践」とでは、大きな違いが存在する。

バーナンキ氏も、この点にたいへん悩まれたようだが、理由としては、基本的に「経済学の未熟さ」が指摘できる。

具体的には、1929年の大恐慌についても、現在でも原因が理解されておらず、そのために、バーナンキ氏のみならず、世界中の金融当局者が「大恐慌の再来」を恐れ続けていることが、現在の根本的な問題だからである。

そして、その理由としては、金融政策だけで実現できることと、財政政策との協調が必要なこととの区別が明確でなかった点が指摘できる。2011年の記者会見で、日本人記者の質問に対する答えとして述べたことは、「10年前よりも現在の方が、私自身、中央銀行の人たちに同情の念を抱いている」ということだったが、このことは、今日のテーマの一つである「なぜ、デフレを脱却し超低金利状態を終わらせることが、以前に想定したことよりも難しいのか」とも関連している。

（バーナンキ氏）

このコメントも、やはり、バーナンキ氏が、FRB議長としていかに苦労したのかを物語るとともに、2016年にイエレンFRB議長が述べた「デフレとインフレの議論」とも関連している。

現在の経済学では、この点が正確に理解されていない。

今後の演説内容についても、この点を考慮しなければいけないが、最も重要な点は、「中央銀行や国家に関する信用失墜が、インフレ発生の原因である」という厳然たる事実である。

本日は、次の三点についてコメントするが、最初は、現在、日本経済が好調な状況であるにもかかわらず、日銀が2％のインフレターゲットを追求し続けることの重要性であり、また、次が、2013年以降の日本における金融政策、すなわち、アベノミクスの一本目の矢のことである。

そして、この点については、黒田日銀総裁の下で、大胆な金融政策が実施されたものの、インフレターゲットが達成できない状況でもある。

本日は、「なぜ、この目標が達成できないのか」について、日本経済のいろいろな角度からコメントするが、将来的には、今まで実行した金融政策と、世界的な景気上昇により、今後の数年間で、インフレターゲットが達成されるものと考えている。ただし、この点については、何らかの不運な展開などにより、必ず保証できる状態ではない。

そして、最後が、今後、日銀は、どのような政策が実施可能なのかという点である。

（バーナンキ氏）

このコメントも含めて、これからが、この演説で最も重要な部分である。タテマエが入り始めるとともに、学者的な理論と意見も含まれているからである。

この点も考慮しながら、説明を加えさせていただくが、基本的には、実体経済に重点が置かれ、マネー経済に対する認識が不足しているものと思われる。

▪インフレターゲットを追求し続ける場合

現在、日本のコアインフレ率は、ほぼゼロ%だが、この時に、「日銀が勝利宣言をするのか、それとも、目標をあきらめるのか」が重要である。つまり、現在では、「これ以上、非伝統的な金融政策が必要ではない」という意見が聞かれるが、日本の低成長率については、ほとんどが、労働人口の減少や低い生産性など、金融政策とは関係のない理由によるものである。

また、「日本の一人当たりの経済成長率」については、実際のところ、過去数年間、アメリカに比べて、それほど見劣りがするものではなかった。日本の労働市場は逼迫しており、また、失業率も、最近で、最も低い水準に位置している。

しかも、これらの数字は、「2008年の金融混乱」や「2011年の大震災」、あるいは「中国経済の成長率低下」や「2014年の消費税率上昇」などの逆風下で達成されたものだった。

（バーナンキ氏）

バーナンキ氏は、「日銀が2％のインフレターゲットを堅持し、実現すべきである」と考えていたようだが、前記のコメントから読み取れることは、当時の日本を始めとした世界的な好景気である。つまり、「先進各国がインフレにより、国家債務を、実質上、削減しようとしている動き」が、数年前からすでに始まっていたのである。

現在では、「なぜ、インフレターゲットの追求が、これ以上必要なのか」という議論が出ているが、一つの議論としては、「高いインフレ率、高い名目金利、そして、高い名目経済成長率が、日本の過度な財政負担を減少させる」ということがある。

つまり、私のメモ書き的なものとして、「日本の金利とインフレ率が、仮の話として、一度に0％から2％にまで上昇した時、日本国債の元本返済に関する金額の現在価値」を計算したものがあるが、結論としては、「日本のGDPに対する比率が、21％減少する」という状況が考えられる。

そして、このことは、大きな数字に見えるが、現在の「GDP比200％以上」という状況からは、それほど、大きな影響がない。しかしながら、私が「2％のインフレターゲット」の効果を重要視する理由は、そのことが、将来の景気低迷という「ショック」に対して、金融政策の機能を回復させることにより、経済成長への安心感を促進するからだ。（バーナンキ氏）

このコメントは、若干、分かりにくい部分だが、実際には、2％のインフレが実現されると、日本国債の実質的残高が減少する可能性を示唆している。つまり戦後の日本と同様に、インフレを発生させることにより、GDPに対する日本国債の比率を減少させる思惑である。しかし実際には、金利やインフレ率が2％にまで上昇すると、国債価格の暴落とともに、その後、更なる金利やインフレ率の上昇も想定されるのである。

▪アベノミクスの金融政策

最近の「日本の金融政策」については、ご存知のとおりに、2012年に首相に就任した安倍晋三氏によるものである。そして、このことは、いわゆる「アベノミクス」と呼ばれているが、この中には、「金融政策」、「財政政策」、そして、「構造改革」という、いわゆる三本の矢が存在する。また、安倍首相の協力により、2013年1月22日に「2％のインフレターゲット」が設定され、その2か月後に、黒田日銀総裁が誕生した。黒田総裁の下、日銀は、いわゆる「量的、質的金融緩和（QQE）」を実施したが、具体的には、日本国債のみならず、ETFなどの買い付けのことである。

その結果として、日銀のバランスシートは、2016年末に、GDPの88％にまで膨張したが、一方で、アメリカは24％、そして、ECBは34％に留まっている。また、日銀は、「マイナス金利」を採用したが、同時に、銀行の利益に対して悪影響が出ないように、色々な策を講じた。

（バーナンキ氏）

このコメントについては、過去20年間の日銀の金融政策が、世界的かつ歴史的に、どれほど異常な状況だったのか、また、決して継続可能な政策ではないという事実を物語っている。つまり、日銀のバランスシートだけが、世界各国に比べて突出して大膨張しており、この結果として、次の説明のとおりに、さまざまな変更が日銀の金融政策で行われたからである。

最近では、日銀の政策に修正が加えられた。具体的には、「10年国債の金利」を、当初、「0％」に誘導し、また、「2％のインフレターゲット」について、一時的な上振れを認めるというものである。また、「イールドカーブコントロール（利回り曲線の操作）」が意味することは、「年間に80兆円の国債を買い付ける」という量的目標から、「国債価格を維持する」という価格目標への変更である。

このような結果として、現在、日銀は、国債発行金額の相当分を保有しており、また、その他の民間保有部分については、価格の動きが、以前よりも鈍感になっている。そして、この理由としては、民間金融機関や、その他の国債保有者が、利回り以外の要因で、国債を買っているからだ。

この結果として、日銀の国債購入に関しては、以前よりも、困難な状況となっているが、一方で、利回り曲線の操作については、以前よりも、容易になっており、このことが、国債買い付け金額の減少要因となっている。

つまり、民間が保有する日本国債の供給リミットが、金融政策遂行の妨害となっていないために、新たな金融政策の枠組みは、以前よりも、長続きする可能性がある。そして、日本国債の利回り目標を設定する方法は、日本経済、また、金融機関にとって、将来の予測を容易にし、また、金融政策の効果を管理しやすくなる。

（バーナンキ氏）

当時、市場で理解されていたことは、このコメントのとおりに、日銀が国債残高の4割前後を買い付けたために、国債の売り物が減少し、価格の操作が容易になっているということだった。しかし実際には、きわめて学者的な意見であり、理由としては、いったん金利が上昇し始めると、残りの6割が急速に市場に出始める可能性も存在するからである。

たしかに、2013年以降に実施された、日銀による金融政策については、相当な効果があったように見える。

安倍首相の就任以降、短期金利の下げ余地がほとんどなかったにもかかわらず、日銀は、大胆な金融緩和を行い、このことが、株価や為替に効果的に表れたからだ。

経済成長率は、２０１３年以降、年率１・１％にまで上昇し、労働市場環境も改善した。何年もの経済低迷期の後に、過去４年間で、ＧＤＰの成長率が２・１％に改善し、国家財政の安定に役立ったのである。

そして、より重要なことは、これらの数字が、長いデフレ期間の終了を意味するということである。実際に、２０１３年から２０１５年までのコアインフレ率は、０・５％から０・７％にまで上昇したが、心配な点は、２０１６年のインフレ率が、再び、ゼロ％前後にまで落ち込んだことである。

（バーナンキ氏）

このコメントから読み取れることは、当時、バーナンキ氏が危惧していたことが、「デフレの再来」、あるいは「大恐慌シナリオ」とも言えるようだが、この点については後述の結論の部分とも関連している。

日銀による「２％のインフレターゲット」については、目標達成の時期が、何度も先延ばしされた。

しかし、「このことは、失望すべきことだろうか」

私自身の、外部者としての意見は、「日本経済の特性や過去の政策の遺産などが絡み合って、日銀の目標達成を遅らせている」ということである。重要な点は、日本の実質均衡金利が、きわめて低く、あるいは、マイナスの状態にあるということだが、実質均衡金利というのは、総需要と総生産が同じになる水準であり、また、金融政策が中立的になる状況のことである。

日本の実質均衡金利が、きわめて低い水準にあるという事実は、決して、驚くべきことではなく、実際のところ、世界各国の実質均衡金利が、歴史的に低い水準にまで落ち込んだという点については、数多くの証拠が存在する。

（バーナンキ氏）

このコメントも、やはり「実体経済」に重点が置かれた、分かりにくく、かつ、古典的な意見であり、その理由としては、１９７１年以降の金融情勢について、ほとんど考慮されていない点が指摘できる。

一般的に申し上げると、先進各国の低金利を説明する時に、二つの要因が指摘できる。一つは、「経済の低迷」という仮説であり、もう一つは、「世界的なカネ余り要因」という仮説である。

この二つの仮説は、相互に関連したものだが、実際には、「景気が良くなれば、カネ余りが無くなり、カネ余りが無くなれば、一国の経済低迷は、その他の国々の経済成長により克服される」という状況のことである。

また、この時には、新興国への資金流出や貿易黒字などが重要な意味を持っているが、現在の日本では、両方の仮説が当てはまるものと考えている。つまり、日本における生産労働人口の減少と低い生産性の伸び率が経済低迷仮説の根拠であり、また、日本の高い資本と労働力の関係性、そして、低い生産性予測が、国内投資の利益率を低下させている要因である。

さらに、日本人の高齢化と低い所得の伸びが、住宅などの耐久消費材需要の減少要因となっており、教科書的な説明では、完全雇用とインフレ促進のために、低い実質金利が必要とされている。

（バーナンキ氏）

このコメントも実体経済に重点が置かれた意見だが、注目点は次のコメントであり、驚いたことに、日銀の金融政策が限界点に達した事実を、バーナンキ氏が認めているのである。

低い実質均衡金利が、低いインフレ率と相まって、金融政策による経済成長を難しくしている。当然のことながら、低金利の状況下でも、金融政策により、実体経済の総需要を喚起することは可能である。具体的には、長期金利を下げ、為替レートを低くし、株価を上げる方法だが、この方法により、人々の期待インフレ率を上昇させ、将来の経済成長を確信させることが可能になる。

「合理的期待形成理論」における典型的なモデルにおいて、二つの手法は、コインの両面の役割を果たす。すなわち、経済が成長すれば、金利が上昇するが、どちらにしても、日本の金融政策は限界点に達しているものと思われる。

そして、最初の理由としては、日本の長短金利が下限に到達したものと思われるからだが、このことは、「超流動性の罠」とでも呼ぶべき状況でもある。

一方で、アメリカの短期金利については、2008年から2015年まで、ほぼゼロ金利だったものの、長期金利については、10年国債金利が、一度も、1・5%を下回らなかったように、プラスの水準に位置していた。

しかし、現在の日本では、これ以上、金利の低下余地が無くなっている状況である。

（バーナンキ氏）

今後の注目点は、人々がこれからどのような投資行動を取るのかであり、また、金利やインフレ率が上昇を始めた時に、国民がどのように考え、どのような動きをするのかである。

そして、過去の歴史から想定されることは、金利やインフレ率の上昇とともに「換物運動」という、人々が実物資産へ資金を移動させる動きである。

その代りの方法として、日銀が取れる政策は、実質金利の低下により、経済を成長させ、人々の期待インフレ率を上昇させることである。具体的には、将来的に、インフレ率が上昇しても、金利を上げないことを、人々に約束する方法だが、世界的な経験としては、前もって、政府や中央銀行が、将来の金利予測をする方法が、金融システムの安定につながっていることも理解できる。

つまり、一般的に申し上げると、超低金利の状況下では、政府の口先介入により、人々の期待を管理する方法が除外されるべきではないということだ。別の言葉では、中央銀行の決意と政府による支援が、この方法を、より一層、効果的なものにする。

「量的、質的金融緩和」以降、日本における期待インフレ率は上昇したが、日銀が望んでいたほどのものではなかった。そして、この理由としては、原油価格の下落などが指摘できるが、この点については、議論が、日銀による、大量の資産購入に結び付くと、話が違ったものになる。

最近の講演で説明したように、「中央銀行の説明」と「家計の期待」とが、どのように関係しているかが、今後の金融政策における最も重要な点である。つまり、今まで、中央銀行は、度重なる資本投入などにより、人々のインフレ期待を誘導してきたが、今後、新たなステージに入った時に、どのようにして、人々のインフレ期待をコントロールできるのかが問題であり、日本の経験からは、この管理が難しいことも理解できる。

（バーナンキ氏）

バーナンキ氏は、数年前から、すでに「コントロール不能なインフレ」の発生を予想していたものと思われる。ギャロッピング・インフレからハイパーインフレへの移行である。世界的なリフレーション（通貨膨張）政策が、２０１７年までの数年間、きわめて異常な規模で実施されたために、その後に予想されることは、本当のインフレ（通貨価値の下落）とも考えていたようである。

■どのような方法が残されているのか

２０１３年以降、大胆な金融政策や世界的な景気回復などにより、日銀は、大きな効果を上げてきた。しかし、現状は、決して、満足できるものではない。そして、その理由としては、インフレ率が２％を下回っているものの、過去数年間に使われた手法が限界点に達しつつあるからだ。

そして、問題は、今後、日銀が、どのような方法を取れるのかという点だが、期待インフレ率の問題点は、往々にして、過去の実績が大きな要因を占めることにある。つまり、最初に、物価の上昇が始まるが、このことは、「政府が、企業に対して賃金の上昇を要請する」、そして、「賃金の上昇が、一般物価を上昇させる」という順番になる。

そして、このことが、成功裏に終わる場合には、賃上げや一般物価の上昇は、一時的に、人々の期待インフレ率を上昇させるが、より一層の賃上げについては、消費の増加を促進させる効果があり、その時には、総需要が、より高い物価レベルにおける完全雇用と一致する補償が存在しない。

（バーナンキ氏）

このコメントからは、日銀や先進各国の中央銀行が、すでに金融政策の限界点に達していることが理解できる。そして、この時に発生する現象は、賃上げや一般物価の上昇というインフレである。

ただし、この点については、次のように1970年代のアメリカを、賃金と物価のコントロールが失敗に終わった具体例ともコメントしているが、実際には、健全な国家財政のもとで、「インフレファイター」と呼ばれたボルカー氏が、FRB議長として金利を急騰させ、物価の上昇を抑え込んだ状況でもあった。

また、この方法が、かりに失敗に終わると、賃上げや物価の上昇は、一時的なものに終わってしまう。そして、このことは、1970年代のアメリカにおける、賃金と物価のコントロールが失敗に終わった例からも明らかだ。

「金融政策」が限界点に達した時、「財政政策」が代替の政策となるが、日本では、国家財政そのものが危機的な状況にある。

今後は、金融政策と財政政策の融合が必要だと考えているが、この時に重要なポイントは、一つが、日本政府が、減税と新たな景気刺激策を発表することであり、もう一つは、日銀が、日本の財政問題に対して、政府の景気刺激策による悪影響を軽減するために、どのような方法も行使することを約束するということだ。

しかし、これ以上の金融政策は必要なのだろうか？

また、この時の注目点は、日銀の独立性でもあるが、「民主主義の基本は、透明性と説明責任にある」と以前に述べた。つまり、かりに、政治家が、より一層の、金融緩和を望んだ時に、インフレの上昇を抑えきれなくなる可能性がある。そして、現在の日本では、この点は考慮する必要性が無いようにも思われるが、基本的には、大きな注意が必要であるとも考えている。

（バーナンキ氏）

■失敗すれば残る手段はほぼ皆無

全てがうまくいけば、現在の日銀の金融政策で、インフレ目標の達成は可能だと考えている。しかし、この点については、今後も注意深く見守る必要性がある。そして、かりにうまくいかなければ、残された手段は、ほとんど無くなった。

つまり、将来的には、インフレ率を上昇させる行為を諦めざるを得なくなり、再び、デフレとの新たな戦いを始める状況が予想されるが、この点については、今までのデフレからの脱却に関して、長く、かつ勇敢な努力に対する、最も失望的な結果でもある。（バーナンキ氏）

最後の結論は、「大恐慌か、それとも、大インフレか」に落ち着いた。つまり「1929年の大恐慌」か、それとも「1923年のドイツ型の大インフレ」の二種類の選択が、いまだに残されていると考えているようだが、この点については実際のところ、20年以上も前の議論である。

これまで、1929年の大恐慌が再来するのを恐れて、先進各国政府はありとあらゆる政策を実行してきたが、上記のコメントからも明らかなように、打つ手が無くなり、インフレでしか解決できない状況となっているのである。

（2）イエレン前FRB議長の演説

また、2017年8月25日に、「ジャクソンホール会議」でイエレン議長の演説が行われた。この会議は、毎年8月後半に、米国ワイオミング州北西部に位置するジャクソンホールで、カンザスシティ連邦準備銀行が主催する経済政策シンポジウムのことである。世界各国から、中央銀行総裁・政治家・学者・エコノミストが参加するため、この会議での発言及び合意内容は、金融市場からたいへん注目されている。

今回の演説を読んだ時、私自身は一種の異様な空気を感じた。内容が、あまりにも極端すぎたからである。

イエレン議長が想定する「10年前の状況」が、私の実感よりも厳しく説明されていながら、現状についてはたいへん楽観的な見方をしていたからだが、実際のところは、ホンネが半分、タテマエが半分のようにも感じられた。

■1929年以来の金融大混乱

1929年の大恐慌以降において、最も厳しい金融混乱と実体経済の収縮をもたらした「世界的な金融大混乱（ＧＦＣ）」から10年経過した。一部の人にとっては、金融危機が大きな被害をもたらし、その対策として、いろいろな手段が必要だったという記憶が、すでに、薄らいでいる可能性も存在するようだ。

今日は、10年前の金融危機を振り返りながら、米国のみならず、世界の国々で、どのような金融政策の変更が行われたのかを議論したい。そして、今までの金融規制改革により、将来の金融危機に関して、発生の可能性や悪影響を減少できるものと考えている。（イエレン氏）

部分ごとに翻訳と追加説明をさせていただくが、基本的にはこのコメントのとおりに、10年ほど前の金融大混乱が、１９２９年の大恐慌以来の、きわめて大きな危機的状況だったということが、イエレン議長の理解でもあった。また、その後に実施された、さまざまな金融規制改革により、今後は混乱が発生しても影響が少なくなる状況を想定していたようだが、このことが、私が最も違和感を覚えた点でもあった。ＢＩＳのカルアナ総支配人も認めるように、今までの10年間は、単に、時間稼ぎと問題の先送りが行われたにすぎなかったからである。

この会議の目的は、強固な金融システムが、世界経済の成長に必要であるという点を確認することにある。健全な金融システムが、生産的な投資や新しいビジネスの形成、そして、景気の好不況にかかわらず、既存の企業活動が順調に行われることにとって重要な要因だからである。また、家計の慎重な借金行動が、住宅の購入や教育への投資、あるいは、新たなビジネスの起業を通して、人々の生活水準を向上させる要因である。

現在、金融システムを強化する規制改革、や、金融政策の助けなどにより、信用供与は順調に行われており、貸し出しも、経済成長に伴い増加している。そして、このことが、過去数年間、経済成長に寄与した要因である。

（イエレン氏）

このコメントも、平常時においては当然の意見と思われるが、前述のとおりに、10年前にきわめて激烈な金融危機に見舞われ、その後、非伝統的な金融政策が実施された結果として、歴史的に例のないマイナス金利までもが発生した状況でもあった。

そのために、この演説には、ＦＲＢが今まで正しい政策を実施したという点を強調したい意図が存在するとともに、これからが本当の金融大混乱期であるという示唆が含まれていたようにも感じている。

金融の規制改革は、金融システムの安定に役立ち、銀行は、より安全になった。市場の規律は改善され、「Too Big To Fail（大きすぎて潰せない）」というリスクも減少した。また、金融システムの監視も強化され、規制外の出来事に関するリスクも減少した。

しかしながら、金融規制改革の範囲の広さと複雑さにより、政策決定者と研究者は、改良された面と予期不能な副作用に対して、常に注意を払うべきである。ＦＲＢは、今後も、これらの点に対して評価を続けながら、適正な調整を行っていく。

そのために、今回は、10年前が、どのような状態だったのかの検証から始めたい。そして、その次に、次の激烈な金融危機が起こる可能性を減少し、金融危機の時に、被害を少なくするため、どのような改革が行われたのかを説明したい。

また、これらの検証を終えた後に、金融システムが、どれほど強化されたのかについて、具体的な指標と研究成果を発表したい。

（イエレン氏）

このコメントでは、次に予想される激烈な金融危機に言及されたものの、どのような事件が予想されるのかについては曖昧な意見に終始し、起きたとしても、影響は10年前よりも軽微であると説明されている。

しかし実際には、「大きすぎて潰せない金融機関」は減少したものの、他方で、より大きな国家の財政問題へと発展した状況である。この点も考慮しながら、10年前の状況説明に移らせていただく。

■非常手段の行使

10年前、世界の金融システムは、きわめて危機的な状況にあった。米国の住宅価格は、2006年に天井を付け、サブプライム問題が、2007年の初めに、大きな問題となった。2007年8月までに、金融市場の流動性が急速に悪化し、FRBの支援が必要な状況にまで追い込まれた。

しかし、2007年8月のジャクソンホールの議論では、金融危機に関して、おおむね、楽観的な意見に終始した。

今から考えると、金融システムにおける流動性や支払い能力の危機は、その後、13か月間継続したことが理解できる。金融システムにおける緊張が激化し、2008年3月に発生した「ベアスターンズの破綻」により、金融システムの脆弱性が明らかになった。（イエレン氏）

このコメントは、金融危機に関して、発生前と発生後で人々の間にどのような認識の変化が起きたのかを如実に物語っている。2007年8月の時点でも、ほとんどの人は事態を楽観視していたのである。

いろいろな事件が起こることにより、徐々に危機感が高まっていった。危機の本質が理解されていなかったために、事実の認識に時間がかかったわけだが、この点は現在も似たような状況である。

結果として、金融当局者は非常手段を行使した。FOMCは、政策金利を大幅に下げ、流動性を、財務省と共同で、従来の金融業の枠を超えて供給した。

そして、このことは、19世紀に「ウォールター・バジョット」により確立された米国金融市場の金言である「良質な担保と罰則的な金利により、自由に貸し出しを行うべきだ」という範囲を超えたものである。

しかし、金融危機は、更に激化し、9月の初めには、「フレディマック」と「ファニーメイ」が経営に行き詰まった。

（イエレン氏）

このコメントにも、ある種の違和感を覚えた。

理由としては、「なぜ、今になって、ウォールター・バジョットの金言を持ち出してきたのか」という点が指摘できる。

自由な貸し出しが実行されるためには、良質な担保と罰則的な金利が必要である。リスクの高い人は、高い金利を払わなければならないということが当然の原理原則だが、現在の米国、そして、世界の金融市場では、非伝統的な金融政策により、この根本がまったく失われた状況となっているのである。

2007年初頭から2008年9月までの「危機の悪化」については、過去数十年における最大の危機でありながらも、その後の大変動、すなわち、9月に発生した金融システムを破壊するような動き、あるいは、その後、数か月間継続した経済の落ち込みと比較すると、たいへん小さなものにすぎなかった。

「フレディマック」と「ファニーメイ」が政府の管理下に置かれた直後に、「リーマンブラザーズ」の破綻が発生した。「AIG」も倒産の危機に瀕し、「金融システム」の崩壊を防ぐために、「FRB」に対して、資金援助の要請を行った。具体的には、「MMF」への取り付け騒ぎが急増した結果として、財務省に対して「保証の供与」を要請した。（イエレン氏）

このコメントは、単に事実を述べただけとも言えるが、思い出されることは、確かにこの時、多くの人が大恐慌の再来を想定していた事実でもあった。

当時、私自身が主張したことは、「政府が、ありとあらゆる手段を行使するために、大恐慌は決して起きない」ということでもあった。

その後、問題が形を変えて膨らんだが、実際には日米欧の国々が協調して市場に介入し、国債バブルやマイナス金利などの異常事態を発生させたのである。

繰り返すが、過去10年間は、時間稼ぎと問題の先送りにより、金融混乱がより一層、加速した状況だった。そして現在は、ギャロッピング・インフレの進行により、表面上の好景気が、世界的に発生しているだけとも言えるのである。

問題は、今後この動きが加速し、未曽有の規模でのハイパーインフレへ変化することである。

この時のイエレン議長の演説には、自分自身やFRBを擁護する目的が存在したようにも感じられた。

▪金融市場崩壊の危機と世界の協調介入

世界の金融市場は崩壊寸前の危機に陥り、世界各国の中央銀行が、協調して行動する必要性が発生した。

その結果として、米国インベストメントバンクの独立性が失われ、財務省は、金融機関の救済に邁進した。

数週間後、ブッシュ大統領が承認して、「緊急経済救済法案（EESA2008）」が議会を通ったが、この法案は、7000億ドルの不良債権を救済するプログラムだった。
FRBは、更なる緊急貸し出し政策を実施し、預金保険機構（FDIC）は、広範囲の銀行債務を保証した。また、同様の金融危機に直面した海外諸国も、金融市場を正常に機能させるために、積極的な手段を採用したが、具体的には、「銀行への資本注入」や「銀行債務の保証」などだった。

（イエレン氏）

このコメントも、金融混乱に直面した政府が、どれほど大慌てをしたのか、また、どれほど異常な金融政策が実施されたのかを、如実に物語っている。
注目すべき点は、米国の債務やデリバティブの問題が、現在でもほとんど解決されておらず、反対に、再び「米国のデフォルト（債務不履行）危機」が再燃している状況である。

財務省や議会、あるいは、預金保険機構やFRBなどの強力な後押しにもかかわらず、金融危機は継続した。米国を含めた世界経済の脆弱性が加速し、その後の被害は、きわめて甚大なものとなった。
2008年の初めから2010年の初頭までの期間に、米国で約900万人の職が失われ、数百万人が家を失った。混乱は、アメリカだけに留まらなかった。世界の貿易と経済活動は、

1930年代以降、初めての規模で縮小した。景気の回復は、非伝統的な政策にもかかわらず、きわめて遅かった。

（イエレン氏）

このコメントでは、10年前の状況が、いかに厳しいものだったかが、赤裸々に説明されているが、問題は、その後のFRBの主導により、世界各国が正しい処置をしたという認識である。次に、危機が露わにしたものと、このことに対して政策当局者がどのような反応をしたのかが説明されているが、この部分では、アメリカ人が多用する自己弁護が目立った状況でもあった。

これらの苦境を経験したことで、金融システムの安定性を守ろうとする動きが強くなった。

確かに、2000年代半ばにおける金融システムの脆弱さは、たいへん酷いものであり、後から振り返ると、過去の金融危機と似た性質でもあった。特に、金融機関は、住宅市場で大きなリスクを取った。住宅市場への貸し出しは、あまりにも緩い審査基準であり、結果として、過剰な貸し出しに繋がった。同じようなパターンを繰り返しながら、「群衆の狂気」はバブルを生み出したが、この時、投資家や家計が期待したことは、更なる住宅価格の高騰でもあった。

（イエレン氏）

群衆の狂気が引き起こすバブルと金融システムの安定性との関係性が説明されているが、この点も、私自身が大きな違和感を覚えた部分である。現在のアメリカ株や国債の価格が、群衆の狂気が高まりつつある段階であり、その結果として、バブルが発生しかかっているからである。

「お金」はストック（残高）であり、インフレ（通貨価値の下落）でしか、大膨張したマネー残高の解消ができないという事実が無視されているのである。

1980年代から始まった経済の安定が、リスクに対する許容度を高めていき、人々は、バブルの進展に気付かなくなっていった。

その結果として、市場や監視機関の規律が失われていき、金融機関は、より大きな投機を行うことが可能になった。しかも、この投機は、MMFやCPなどの、より短期な資金を利用したものになり、かつ、残高が急速に増加した。

最後には、自己増殖の循環が始まり、この時には、全ての投資家が、バブル的な動きに参加することとなった。その結果として、証券化の動きや複雑なデリバティブの生成が加速していき、金融市場全体が、訳の分からない状態に陥り、究極の混乱が発生した。（イエレン氏）

このコメントも、10年前の状況を説明しているのか、それとも現在の状態について危機感を表明しているのかの判断に苦しむ状況だった。この時の演説では、10年前の苦境と、その後の適切な対処法を強調したい意図が存在するものと感じられた。

この点を考慮しながら、最後の結論に移るが、基本的には、今後の金融大混乱について、大きな危機感を抱いている状況のようにも感じられた。

このような動きに対応して、世界中の金融政策担当者は、同様の脆弱性が発生しないように、いろいろな手段を講じた。具体的には、米国において、きわめて短期間の内に、規制の強化や法律の変更が行われ、金融システム改革が実行された。そして、この点については、金融システムの正常化したスピードが、手段の正当性と有効性の証拠である。

さらに、米国が主導して、世界的にこの動きが広まっていった。いくつかの重要な改革が、銀行の損失吸収能力を高めた。資本と流動性に関する改善が、2000年代半ばに発生したリスクの再燃を抑える効果があったが、リーマンブラザーズの破綻という事実は、政策当局者に対し、重要な金融機関の破綻に際して、救済か、それとも、深刻な金融混乱かという厳しい選択を迫ることとなった。

（イエレン氏）

このコメントも、ホンネとタテマエが判断しづらい内容だった。

重要な点は、やはり、世界的な金融大混乱（ＧＦＣ）以降、不良債権が世界各国の国家財政に積みあがった状況である。現在の注目点は、民間銀行の連鎖破たんが引き起こした「１９２９年の大恐慌」のような金融混乱ではなく、世界の先進各国が資金繰りに行き詰まった結果として、紙幣の大増刷を始める可能性、すなわち、人類が今までに経験したことない規模での「ハイパーインフレ」である。

■「秩序ある清算方法」とリスクの軽減

この点を理解した議会は、ドッド・フランク法の改正などにより、金融システムに影響を与える金融機関が危機に陥った場合、破産に代わる方法を提供することとなった。具体的には、秩序のある清算方法のことだが、この方法により、重要な金融機関が破たんしても、金融システム全体には影響が及ばないこととなった。より重要な点は、税金の投入が必要ではなくなった点が挙げられるが、この理由としては、損失が、その他の金融機関により支払われるという方法によるからだ。

これらの方法により、現在では、金融システムの安定が保たれることとなった。金融システムのリスクについては、２００７年から２００８年の状況からも明らかなように、規制下に置かれていない金融機関においても大きくなっていった。その結果として、「影の金融機関」に対する規制が強化され、また、「デリバティブ」に対しても、取引相手方のリスクが注目されるようになり、結果として、全体のリスクが軽減することとなった。
（イエレン氏）

このコメントも、基本的には、個別の金融機関が危機的な状態に陥った場合に、政府がどのような方法を取るのかが説明されているだけだった。

本当の意味での金融システム問題が、全く説明されていないのである。

過去のイエレン議長のコメントから判断すると、彼女は金融や経済の歴史に精通しており、「現在、何が、最も重要な問題なのか」は、よく理解しているものと推測される。

この点を曖昧にしながら、「ＦＲＢだけが、政策決定をしたわけではない」、つまり「議会や立法府、そして、行政組織の全てが、今までの金融改革に加わってきた」ともコメントされている。

私自身としては、「全ての手段が使い果たされ、現在では、紙幣の大増刷しか、打つ手が残されていない」と言いたい状況のようにも感じたが、最後に「より安全化した金融システムは、経済成長を促進させるのか」という疑問を投げかけている。

金融危機から10年経ち、新たな質問が発せられるようになった。それは、「改革が行き過ぎたものだったのではないか」、そして、「あまりにも多くの重荷を背負った金融改革は、正常なリスクを取っていないだけではなく、経済成長の促進にならないのではないか」というものである。

（イエレン氏）

この時に感じたことは、翌年1月に予定されていた「イエレン議長の任期満了」や「再任の可能性」であり、イエレン議長としては、自分の実績が傷つくことなく、無事に任期を終了したいのではないかと考えていたようにも思われた。

私の想定どおりに、彼女が退任し、パウエル氏が新たなＦＲＢ議長に任命された。

（3）カルアナ前ＢＩＳ総支配人のコメント

２０１７年6月25日に開催された「ＢＩＳの年次総会」で、カルアナ総支配人が年次報告書の内容を説明した。

国際決済銀行（ＢＩＳ）は、「中央銀行の中央銀行」とも呼ばれているように、世界の金融機関に関する全ての統計資料が集まるとともに、金融面での知見についても、現時点では世界最高水準に位置しているものと考えている。

総支配人（GM）のカルアナ氏は、私自身も数年前から、金融界で数少ない、正当な意見を述べる人物と感じていた。

ただし、注意点としては、カルアナ氏が権力側に位置する機関に属しているために、どれほどホンネの意見が述べられるのか、また、経済学の未熟さにより、どれほど経済や金融の真理に近付いているのかという点でもあった。

これらの点を差し引いても、私自身としては、カルアナ氏が権力に阿《おもね》ることなく、きわめて的確かつ冷静な態度を保持し、前年に続き、きわめて興味深い意見を述べられたと感じた。

また、この演説で、「Looking beyond the here and now（今、ここから始まる未来）」という言葉が使われた。

前年は、「The future becomes today（危惧していた将来が現実になる日）」というように、たいへん訳しにくく意味深な言葉を使われたが、この点については、２０１６年６月から２０１７年６月までの１年間に、世界的な経済情勢が様変わりの状態となり、グローバリズムに関する認識転換が世界的に起こるとともに、批判も出てきたという点が指摘されていた。

それまでの１年間に、世界経済が極めて順調な回復力を見せた点に、ある種の驚きを見せながら、同時に、今後、インフレが炎上する危険性を指摘されたのである。また、グローバル化が更に進展すればという仮定条件付きで、従来のような極端なインフレは発生しないのではないかという結論となっているが、この意見はＢＩＳの総支配人としてのタテマエであり、ホンネは別にあるようにも感じられた。

この報告書では、「グローバル化の経済学」に重点を置きながら、長期的な観点からの未来予測や現代社会を動かす原動力、あるいは、グローバル経済の弱点や強みの分析も行われている。

現在の経済的なのグローバル化は「第二の波動」であり、「第一の波動」よりも大きな規模であるとも説明されている。

■グローバル化の第二波動とＧＦＣ

資本主義は、西暦１８００年前後から始まり、産業革命によって、実体経済の成長とグローバル化の第一波動が進展した。イギリス（大英帝国）を中心にして、欧米諸国が帝国主義により世界市場を開拓したのである。また、１９７１年のニクソンショックから始まったグローバル化の第二波動は、マネー経済の大膨張による世界市場の開拓でもあった。

西暦１８００年前後から西暦２０００年前後が、「西洋の時代」の発展と、ピークを付けた

The second wave of economic globalisation has outstripped the first

As a percentage of country sample GDP　　Graph VI.2

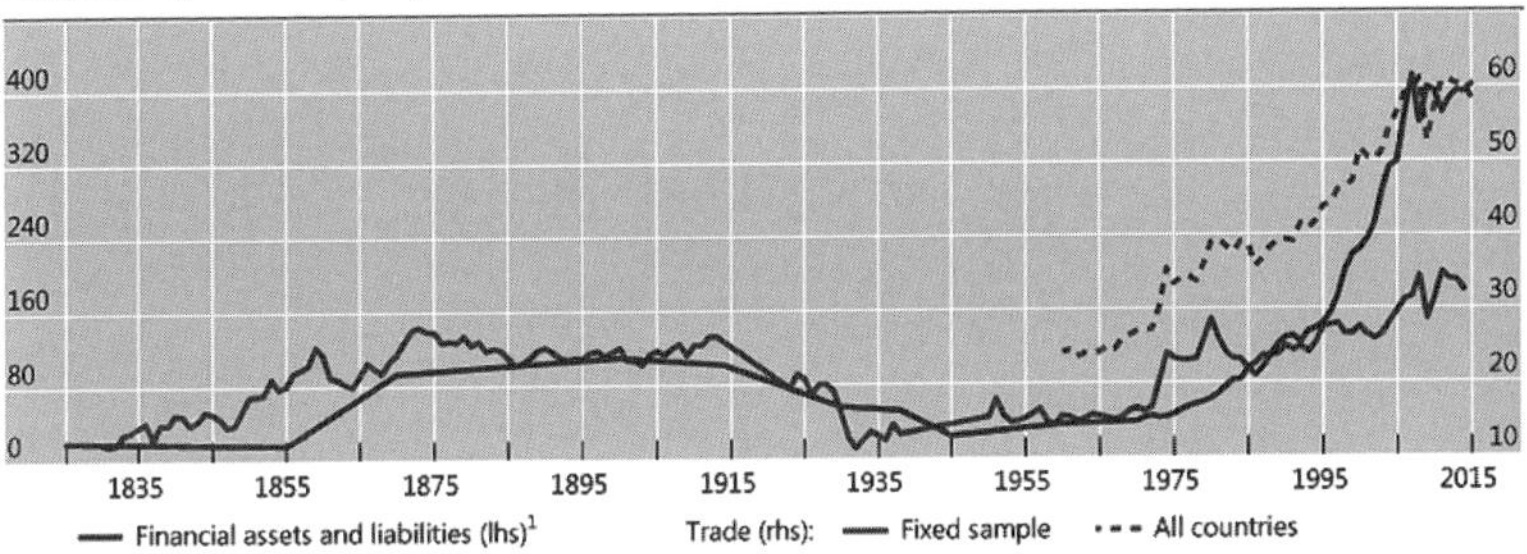

[1] Prior to 1970, calculated as external financial assets multiplied by two.

Sources: Federico and Tena-Junguito (2017); Lane and Milesi-Ferretti (2017); Obstfeld and Taylor (2004); Federal Reserve flow of funds accounts; IMF, *Balance of Payments Statistics*; World Bank; US Department of the Treasury; McKinsey Global Institute analysis; BIS calculations.

グローバル化の第一波動と第二波動

期間でもあった。

他国の市場を、どのようにして開放するのかが、グローバル化の基本でもあった。

自国の製品を、他の国々に、どれほど輸出できるのかということであり、次頁のグラフに見るとおり、「ＯＰＥＮＮＥＳＳ（市場の開放度）」という言葉が使われている。１８６５年から１９３５年までが点線で示されており、貿易の開放度と金融面での開放度が表されている。

１９６０年から２０１５年までは実線で表され、世界の結び付きを意味する経済のグローバル化において、現在の第二波動が、以前の第一波動よりもはるかに進展度が高かったことも理解できる。

その結果として、戦後の世界で、実体経済の成

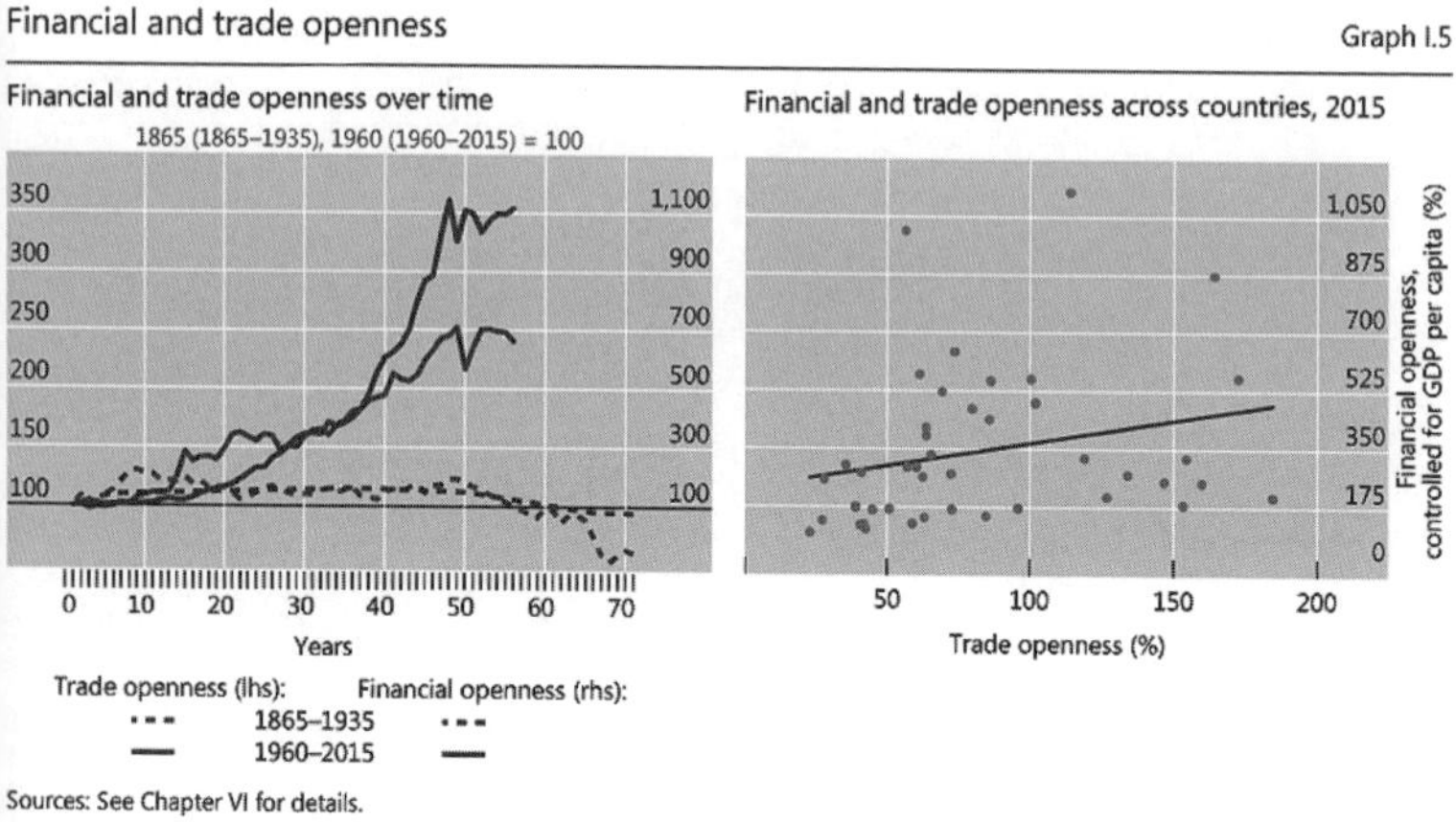

貿易と金融の開放度

長が未曽有の規模で発生したが、現在の問題点は、実体経済に対して約十倍の規模にまで膨らんだマネー経済である。たいへん近い将来に、大きな「金融面でのショック」を発生させる可能性である。

「GFC（グローバル金融危機）」と名付けられた2008年前後の世界的な金融危機について、その後の世界的な金融政策が、どれほど無謀なものだったのかが、詳しく説明されている。

現在でも、依然として継続中の世界的な超金融緩和状態に関して、きわめて厳しいコメントが出るとともに、私と同様に、2016年の半ばに歴史的な大転換が発生した可能性や、これから想定される本格的な金融大混乱を危惧しているようにも感じられた。

■世界的な量的緩和と出口戦略

今後、世界的な株高と金利上昇、そして、インフレが、更に加速するリスクを憂慮されており、次頁のグラフのとおりに、あまりにも低すぎる世界の名目金利と歴史的にも異常な中央銀行の資産大膨張が、主な要因として指摘されている。

しかも、１９８０年代から発生した現象は、金利が低下しながら、負債が世界的に大膨張しており、この点は、私が提唱する「信用本位制」でしか説明が付かない状況となっている。「コンピューターマネー」の発展により、デリバティブが大膨張したことが、前記の現象に関する最も大きな要因だった。

注目すべき点は、やはり、２００８年前後の世界的な金融大混乱（ＧＦＣ）が、どのような意味を持っていたのかということである。

私自身は、この前後に、マネーのグローバル化が終了し、その後は、反グローバル化の動きが始まったものと考えている。

ＧＦＣ以降の世界的な量的緩和（ＱＥ）については、デリバティブの崩壊を隠すため、中央銀行が、バランスシートの大膨張により、国債を買い付けた状況でもあった。

過去10年間に、あまりにも異常な金融政策が、世界的に実施されたのである。

今後は、どのようにして金融政策を正常化させるのかという、いわゆる「出口戦略」が世界

Very accommodative global monetary policy persists, inflation outlook improves Graph IV.1

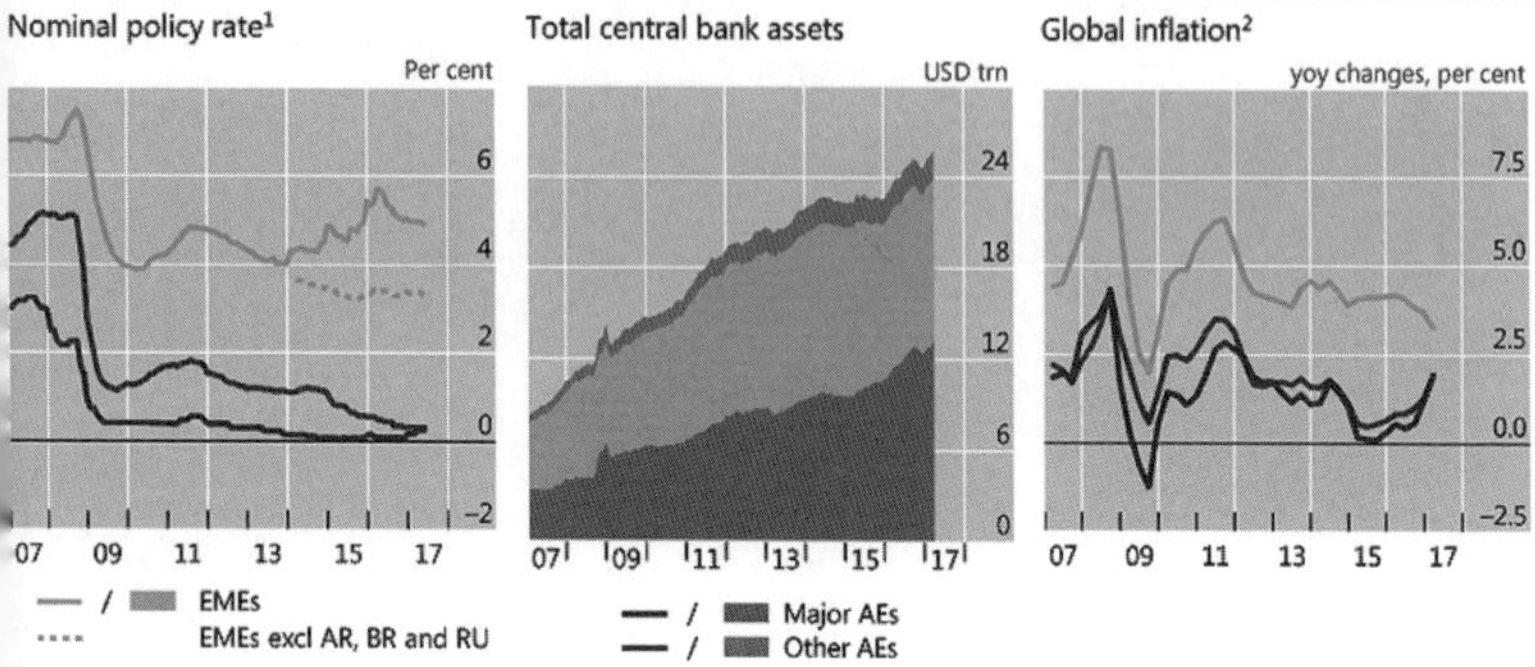

Major AEs = EA, JP and US; other AEs = AU, CA, CH, DK, GB, NO, NZ and SE.

[1] Policy rate or closest alternative; simple averages. [2] Consumer prices; weighted averages based on rolling GDP and PPP exchange rates.

Sources: IMF, *International Financial Statistics* and *World Economic Outlook*; Datastream; national data; BIS calculations.

世界的な超金融緩和状態とインフレの発生

nterest rates sink as debt soars Graph I.6

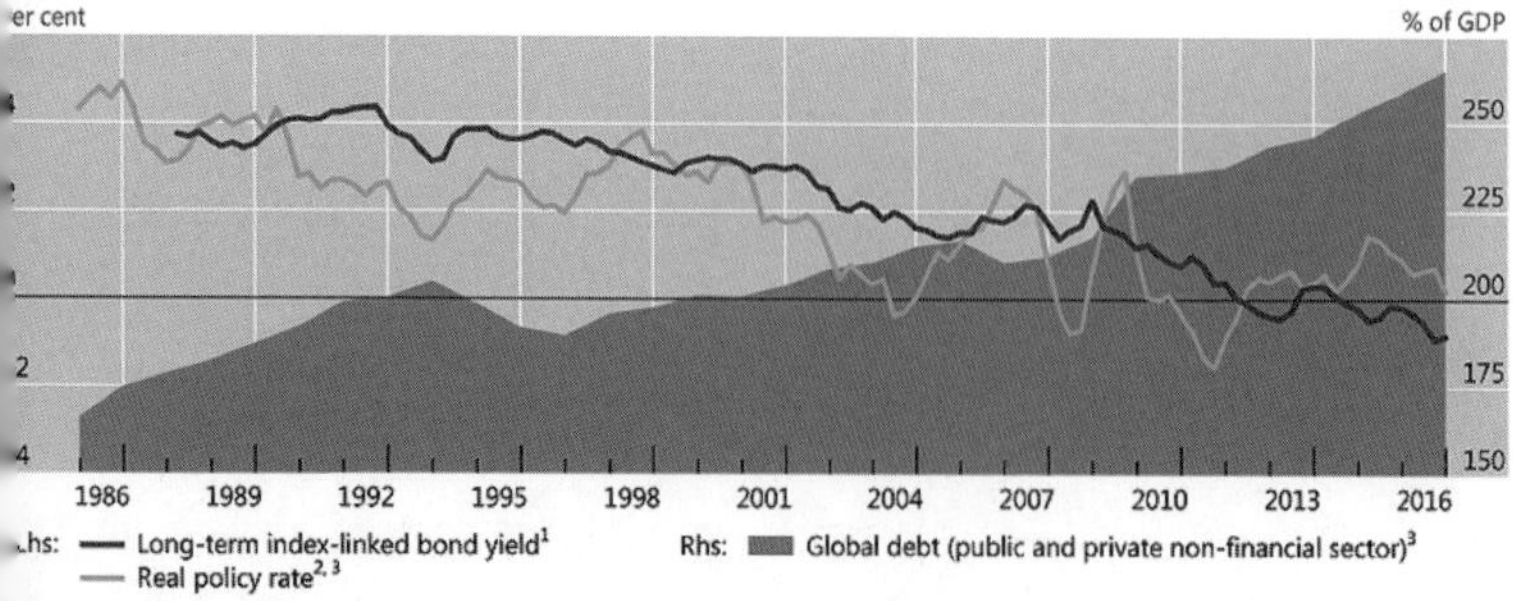

From 1998, simple average of FR, GB and US; otherwise only GB. [2] Nominal policy rate less consumer price inflation. [3] Weighted average G7 economies plus CN based on rolling GDP and PPP exchange rates.

urces: IMF, *World Economic Outlook*; OECD, *Economic Outlook*; national data; BIS calculations.

金利低下と負債の増加

的な大問題になってくる。

この時の年次報告書では、「出口戦略が実施されるか否かを議論している段階ではなく、何時というタイミング、あるいは、どれほどのスピードで、また、どれほどの規模で実施されるのかを考える段階に入っている」ともコメントされている。

しかも、「中央銀行には、微妙なバランス調整が必要とされる」とも述べられ、未曽有の規模と期間で、超低金利政策が世界的に実施された状況下において、「今後、金利の引き上げが、短期間の内に、また、急激に実施された時には、世界経済全体に対して、甚大な被害を与える可能性が存在する」ともコメントされている。

一方で、「あまりにもゆっくりとした、そして、僅かな金利の引き上げでは、ある時、突然として、金融政策が手遅れとなる可能性が存在する」とも指摘されている。

経済の過熱とインフレの急騰を抑えるために、急激かつ集中的に、金利を上昇させる必要性のことだが、かりにインフレ率が上昇しなくとも、「あまりにも低い金利を、長期間継続させると、時間の経過とともに、債務残高を膨らませ、また、バブルを発生させることにより、金融システムの安定性を損なうとともに、マクロ経済学的なリスクを増大させる危険性がある」ともコメントされているのである。

Policy rate normalisation: will this time be different? Graph IV.8

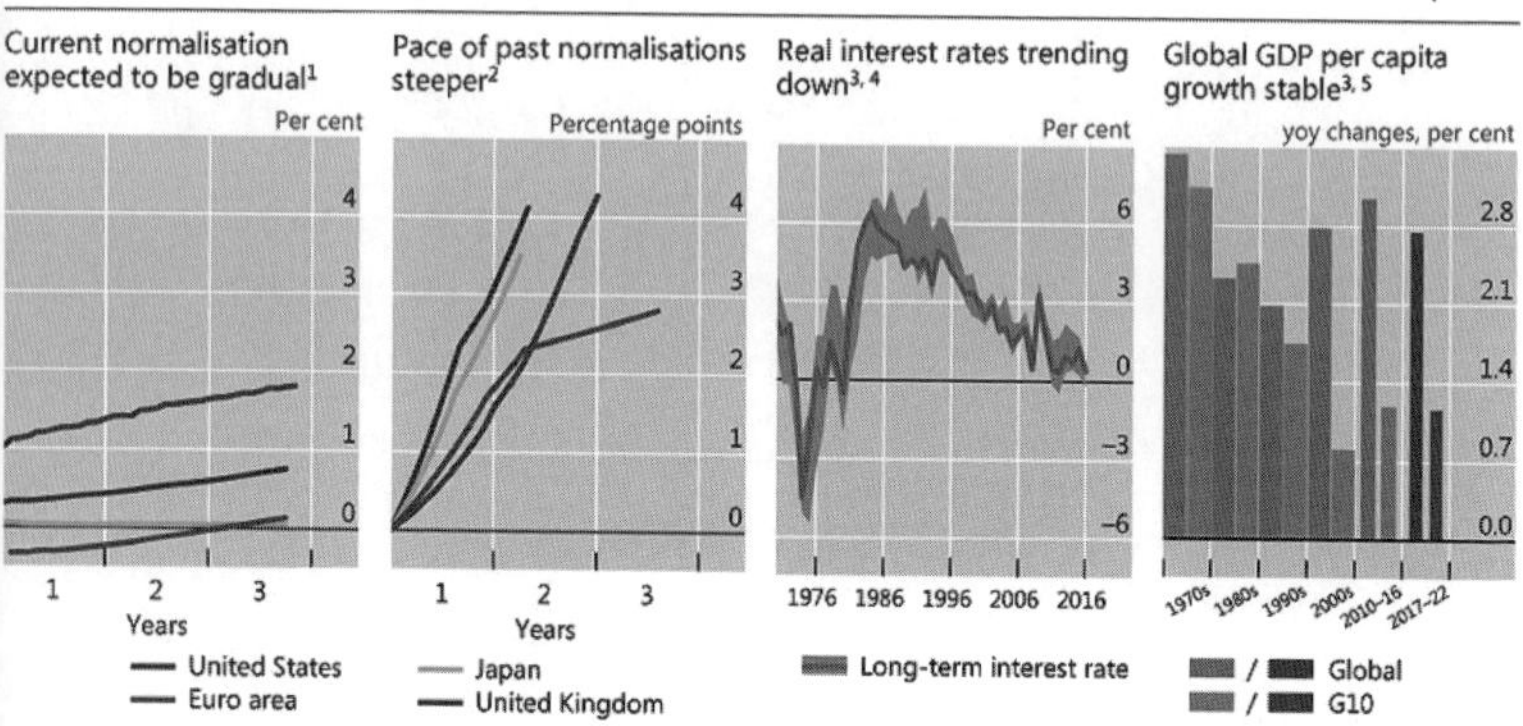

Normalisation episodes: for the euro area, 1999–2000 and 2005–08; for Japan, 1989–90; for the United Kingdom, 1988–89, 2003–04 and 2006–07; for the United States, 1987–89, 1994–95, 2004–06 and 2015–17.

[1] As of 26 May 2017. Fed funds 30-day future (US); three-month Euribor (EA); three-month euroyen Tibor (JP); 90-day pound sterling (GB). [2] From start of monetary policy tightening. [3] Weighted averages based on rolling GDP and PPP exchange rates. [4] Ten-year government bond yield less consumer price inflation, annual averages, advanced economies. [5] Forecasts after 2016.

Sources: IMF, *World Economic Outlook*; Bloomberg; Global Financial Data; national data; BIS calculations.

政策金利の正常化：今回は、今までと違うのか？

また、金利の上昇が、過去のパターンと違う点もコメントされていたが、実際には、上のグラフのとおりに、今回の金利上昇と過去の金融正常化における金利上昇のパターンとは、大きな違いが存在する。

基本的には、いまだに継続中の「中央銀行による国債の買い付け」が最も大きな原因である。

■予想される国債価格の大暴落

現在、政策金利の正常化については、アメリカだけが先行し、日本やヨーロッパなどが遅れている状況である。今回の異常な超低金利状態が、一国だけのものではなく、先進各国の全体で発生しているために、金利の正常化における過去のパターンが当てはまっていないものと思われる。

国債の買い支えにおいては、いまだに国際的な協調が働いているものの、金利の正常化において、各国の違いが発生しているのである。

これから予想される事態は、先進各国の金利正常化に伴う、世界的な国債価格の暴落（金利の急騰）である。

私自身は、前述のとおりに、2008年前後の世界的な金融危機（GFC）が「金融の大地震」であり、その後の量的緩和（QE）は、「インフレの大津波」が、水面下で押し寄せてきた状況だったと考えている。今後、国債価格の暴落とともに、インフレが表面化するのである。

第三章　「天動説の経済学」からのパラダイム転換

現在、世界の金融市場は混迷を深め、貿易戦争や核戦争が憂慮される事態となっている。全ての原因は、史上最大規模の「マネーの大膨張」にあるが、ほとんどの人はいまだにこの点を理解していない。このような状況下で、２０１６年は私にとって忘れられない年になった。60年前に亡くなった父親の命日である５月10日に「五次元経済学の基礎理論」が完成し、18年前に亡くなった母親の命日である10月14日に「イエレンＦＲＢ議長の演説」があったからだ。イエレン議長が述べたことは、私が今まで主張してきたことでもあった。

■イエレン議長の問題提起

２０１６年10月14日に行われた「ボストン地方連銀主催の第60回経済会議」で、イエレンＦ

RB議長は、実に興味深い問題提起をした。「現在の経済理論はきわめて未熟であり、現実の問題を解決できない」、また「極端な経済変動期に、新たな理論が生まれる」という点を指摘されたのである。そして、「1929年の大恐慌」「1970年代のインフレ」、あるいは、今回の「2007年、あるいは、2008年からの金融混乱」を、極端な経済変動期と指摘するとともに、次の四点が未解決の問題として提起された。

①総需要と総供給との関係性
②需要と供給とのタイムラグ、需要の多種性
③マネー経済と実体経済との関係性
④インフレが発生するメカニズム

「既存の経済理論では、上記の問題を説明することができない」とも述べているが、この点については、私が今まで説明してきたことと、ほとんど合致する内容となっている。

私自身が、30年以上も前から感じていたことは、世の中の変化に経済理論が追い付いていないことだった、今回の演説は、世界中の経済学者に問題提起をするとともに、更なる研究と解決策を要求したのである。

今回の問題提起は、いまだに「お金の謎」が解けていないことに、最も大きな理由が存在す

るが、同時に感じたことは、これからの金融混乱に対処するためには、上記の四点では不十分であるということでもあった。つまり「お金の謎」を解くだけではなく、「時間のサイクル」や「心の座標軸」を理解することが必要不可欠だと考えている。幸いなことに、私自身としては、２０１６年5月に、これらの全てを含んだ「五次元の経済理論」が完成した。

今後は、この基礎理論が、実践に対して正確に応用できるか否かを検証するだけだが、より深く感じたことは、ようやく、世界中の経済学者が、私と同じ方向に向き始めた状況に対する喜びでもあった。今までは、「お金の謎」を考える人がほとんど存在せず、単に「お金儲けの方法論」だけを議論する人が、数多く存在したからだが、このことも時代の大転換を象徴する大きな事件でもあった。

過去数十年間、あるいは、それ以上前から、世界中の人々は「お金の謎」を考えるのではなく、「お金」を欲しがる方向に向かった。ほとんどの人が、東海道五十三次を、京都に向かって歩き出したような状況でもあった。しかし私自身は、反対に、奥の細道を歩き続けてきたような状況に対する「もどかしさ」を感じ続けてきたが、今回のイエレン議長演説では反対に、「豊臣秀吉の中国大返し」が起きたようにも感じられた。

中国大返し（ちゅうごくおおがえし）または備中大返し（びっちゅうおおがえし）は、天正10年6月（西暦1582年6月〜7月）、備中高松城の戦いにあった羽柴秀吉が主君織田信長の本能寺の変での横死を知った後、速やかに毛利氏との講和を取りまとめ、主君の仇明智光秀を討つため京に向けて全軍を取って返した約10日間にわたる軍団大移動のこと。備中高松城（岡山県岡山市北区）から山城山崎（京都府乙訓郡大山崎町）までの約200㎞を踏破した、日本史上屈指の大強行軍として知られる。この行軍の後、秀吉は摂津・山城国境付近の山崎の戦いにおいて明智光秀の軍を撃破した。（出典：ウィキペディア）

イエレンFRB議長を中心にして、世界中の人々が「お金の謎」を考え始めたのである。今までは、東海道と奥の細道において私が列の最後尾、しかも、反対の方向に歩いていた状況が一変し、今度は私の考えが列の先頭に立ったものと思われる。

人類の歴史を眺めると、実に壮大な進化発展と創造の流れが見て取れる。約6000年前に「お金」、そして約4000年前に「文字」が発明され、人類の歴史は飛躍的な発展を遂げ始めた。また、約2500年前に「仏教」、そして約2000年前に「キリスト教」が誕生したことにより、精神面での成長も始まった。

「一寸先は光」であり、人類は常に発展と進化を継続しているものと思われるが、いまだに人類は多くの悩みや苦しみを抱えている。これが、私の大きな疑問の一つであった。決して将

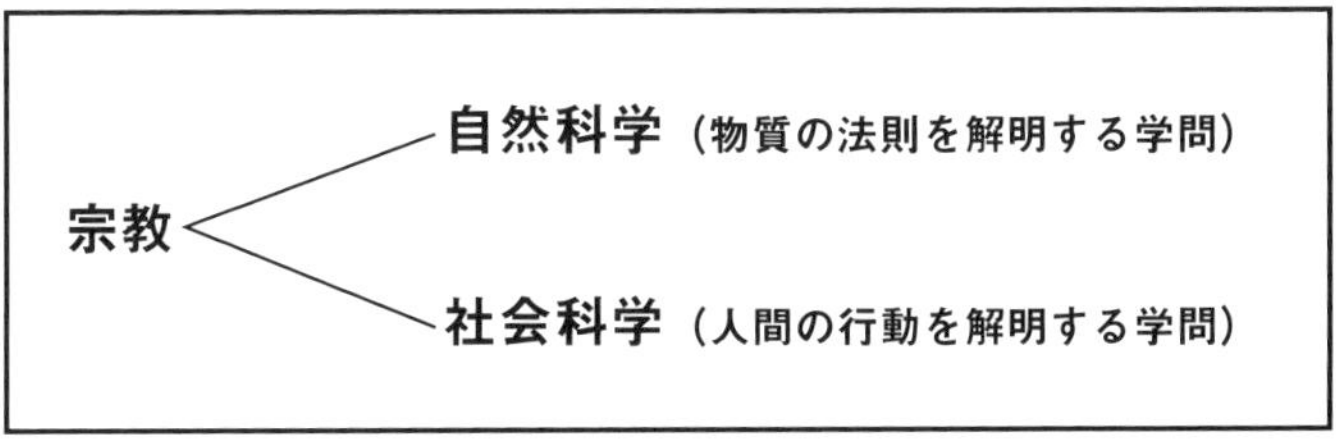

来に対する不安感を持つべきではないが、実際には、往々にして「一寸先は闇である」と考えがちになる。

　過去の歴史は分かるが、将来は見えないという事実が、不安感や絶望感などを抱かせるのである。全ては進化と創造の過程にある。昔の人は、「地球は平面であるはずなのに、なぜ海の水はこぼれ落ちないのか」と悩んだ。あるいは、「杞憂」という言葉のとおりに、「杞という国で、空が落ちてくる」と真剣に憂いたが、現在では笑い話となっている。この理由は３００年ほど前に自然科学が急速な発展をしたからである。

　本来、「宗教」は「宇宙を示す教え」という意味を持ち、「天地自然の理」を表しているが、現在では「宗教組織」と混同され、いろいろな問題を引き起こしている。また、「枝葉」の意味を持つ「科学」については、大別すると、「自然科学」と「社会科学」が存在する。

「自然科学」は「物質の法則を解明する学問」であり、そして「人間の行動を解明する学問」が「社会科学」である。「経済学」や「心理学」などだが、現在では「自然科学」の発展に、「社会科学」が追いついて

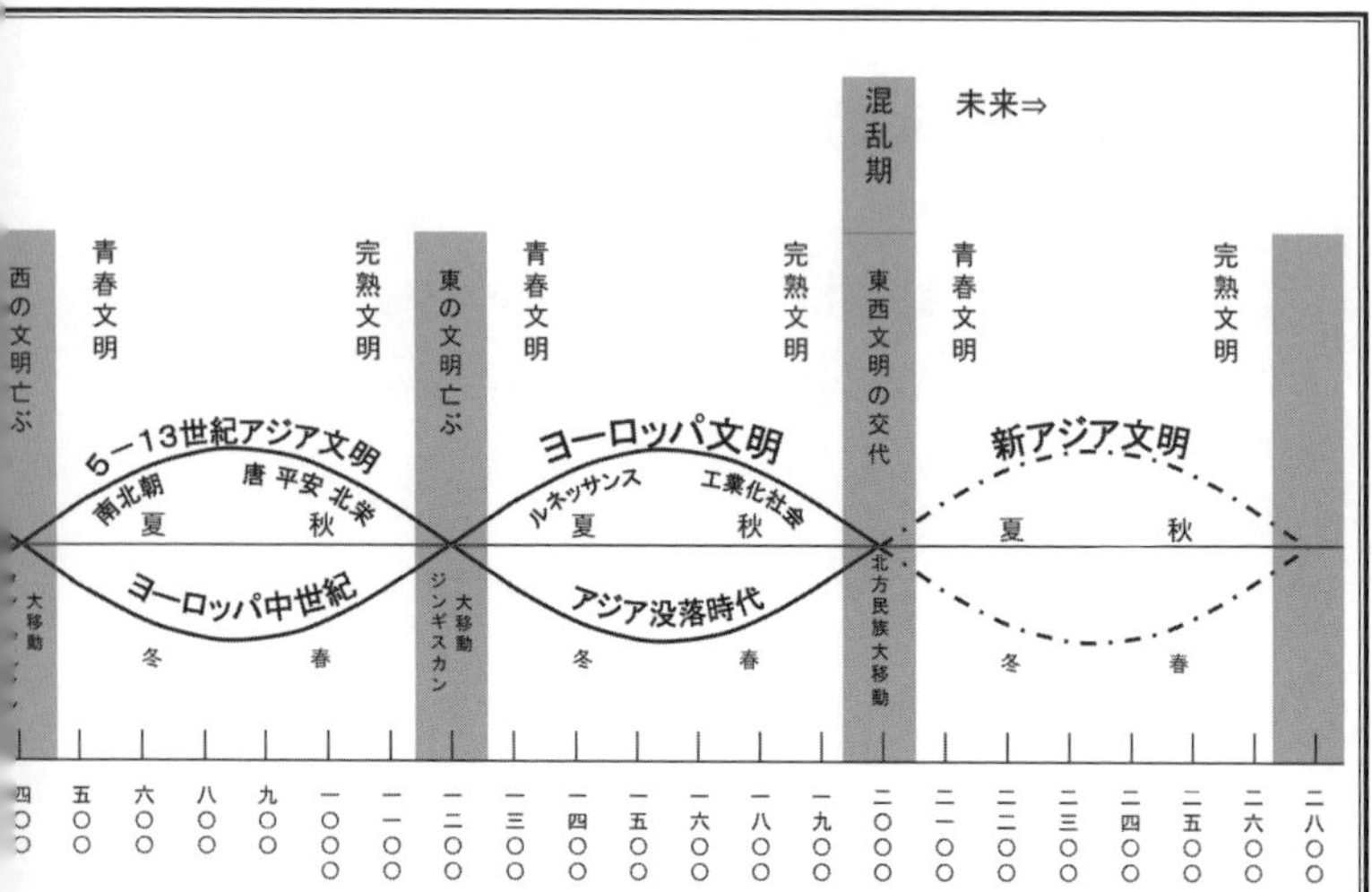

文明の法則（文明法則史学会代表　村山節　原図、1965年作）

・東西両文明は８００年サイクルで交替している
・文明交代期の１００年間は文明の混乱期である

おらず、結果として人々の心に「闇」が生まれている。特に「お金の謎」が解けていないことが根本的な原因であるが、社会科学における偉大な発見の一つは、村山節氏による「文明法則史学」である。

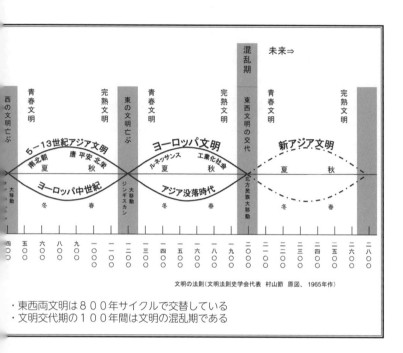

村山氏は、人類の歴史にきわめて単純なサイクルを発見した。「西洋の時代」と「東洋の時代」は８００年ごとに交代し、絶えざる進化と発展をしている事実の発見である。

「ケプラーからニュートンへ」という言葉のとおりに、１７００年頃に、自然科学は西洋で飛躍的な発展を遂げた。ケプラーが「天体のサイクル」を

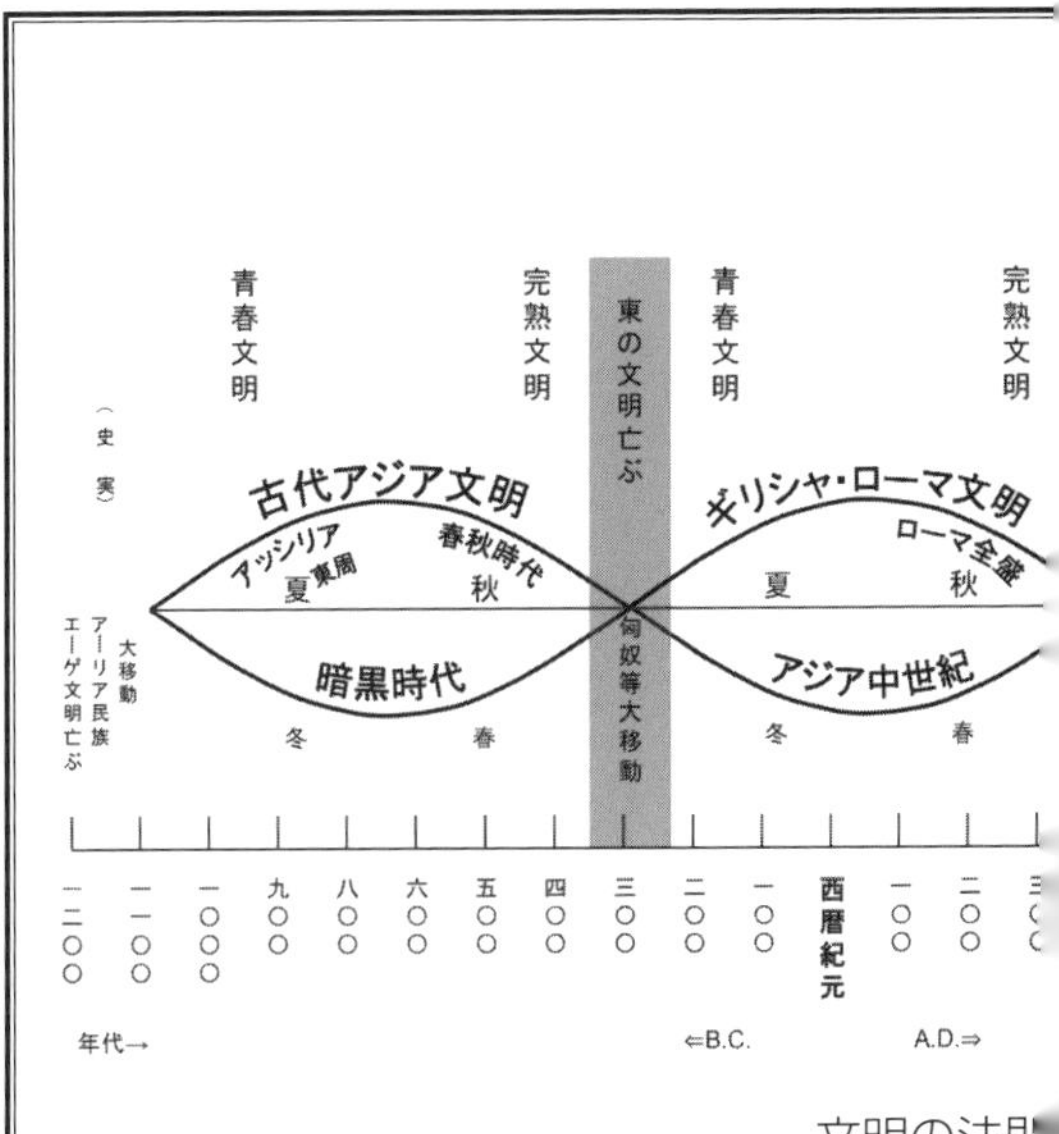

文明の法則

発見したからである。

「ケプラーの法則」については、その後、「ニュートンの万有引力の法則」の発見に繋がり、自然科学を飛躍的に発展させた。問題は社会科学である。いまだに「天動説の経済学」が信奉されているからだ。

■天動説の経済学

コペルニクス（1473年～1543年）が「地動説」を再発見してから、ニュートン（1643年～1727年）の「万有引力の発見」までには、200年以上の年月が必要だった。当時は、神に対する信仰心が人々を支配しており、地動説を唱えることは神に対する冒涜であると考えられていた。しかしその後は、人々の探究心が世の中を動かすことにより、19世紀に「科学と宗教との対決」が繰り広げられ、現在では科学万能の時代となった。

経済学の発展史を振り返ると、アダム・スミス（1723年～1790年）の「国富論」が1776年に発表され、その後、マルクス（1818年～1883年）の「資本論」、ケインズ（1883年～1946年）の「雇用・利子および貨幣の一般理論」へと繋がっていったことが見て取れる。また、マルクスとケインズが最も興味を持っていたのが、「お金」と「商品」との関係性であり、実際には「お金とは、一体、どのようなものか」ということだった。資本主義が発展した時代に、「お金の力」が強くなり、なぜ、このようなことが起きるのかを真剣に考えたのである。

しかし、結果としては現在でも、「人類史上、誰も、お金の謎を解いた者はいない」と言われるように、「貨幣論」は我々にとって未知の領域である。「命の次に大切である」と言われ、現代人が重要視する「お金」については、誰も実態を把握していないのである。

その結果として、人類史上、最大規模の「マネーの大膨張」が起きている。実体経済だけに注目しすぎ、マネー経済がほとんど忘れ去られているからでもあるが、この時に、人類の発展段階を考えると、興味深い事実が浮かび上がってくる。コペルニクスからニュートンまでの約200年強の期間と、アダム・スミスの国富論から現在までの200年強の期間に何らかの関係性があるものと思われる。人類が発展するためには、100年単位の期間が必要であり、私自身は、間もなく「地動説の経済学」が誕生し、人類が飛躍的な発展期を迎えるものと考えている。

■お金の謎が解けない理由

世界中の人々がお金を求めると、当然のこととして、お金の量は天文学的な数字にまで増える。一例としては、「日本を売れば、日本以外の全世界の土地が買える」と言われた「日本の土地バブル」の時、当時の「土地の時価総額」は、約2500兆円にすぎなかった。しかし現在では、「デリバティブ（金融派生商品）」という妖怪が世界を徘徊し、2007年前後のピーク時には、約8京円という金額にまで大膨張した。

しかも、このお金を保有しているのが、「世界の国家」と「一握りの金融機関」という、きわめて異常な状態である。しかし、ほとんどの人はこの点に気付いていない。かつて「自動車王」と呼ばれた「ヘンリー・フォード」は、次の言葉を戦前に残している。

「国民が銀行や金融システムを理解していないことが重要だ。なぜならば、かりに理解したら、明日の朝にも革命が起こると思われるからだ」というものであり、逆説的で真理を突いた言葉とも言えるが、当時と比較すると、現在の「お金の時価総額」は、「蟻と鯨ほどの規模の違い」となっている。

「お金の謎」が解けると、「お金を保有している人々」の既得権が失われるとともに、多くの国民が「騙されていた」という感想を抱くことが危惧されているが、現在、最も興味深い点は、「現代のお金は、影も形も存在しない、単なる数字に変化した」という事実である。「コンピューターマネー」となったお金が世界中を駆け巡り、さまざまな金融商品に瞬時に変化しているが、ほとんどの人にとっては、「目の前の一万円札が、本当のお金である」と、いまだに信じ込まされている。

「裸の王様」の物語のとおりに、純粋な目を持った一人の子供に、「王様は裸だ」と言われるのを恐れている人々が、「お金の謎」を解けないようにさまざまな妨害をしているようにも感じられるが、一方で、「王様の耳はロバの耳」という物語のとおりに、「真実は必ず暴露される」ということも間違いのない事実である。

▪アダム・スミスと神の見えざる手

「経済学の始祖」と呼ばれ、当時は神学者だったアダム・スミスが、その著書の「国富論」で説いたことは「神の見えざる手」だった。市場経済において、「各個人が自己の利益を追求すれば、結果として、社会全体の利益となる望ましい状況が生まれる」と考えたのである。

アダム・スミスが想定した「神の見えざる手」に関して、その後、変化が発生した。前述のとおりに、西暦1900年頃、「科学と宗教との闘争」が発生したのである。この戦いで、科学が宗教に対して全面的な勝利を収め、その結果として、世界中の人々が「科学は万能であり、宗教はアヘンである」という認識を持つこととなった。「唯物論」が「唯心論」に対して勝利を収め、「神の見えざる手」は消滅したのである。

「お金」が「現代の神様」となり、人々の「心」を支配した。殺伐とした社会が形成され、多くの人々が「心の闇」を抱えたが、一方で「神の愛」が表面的に失われたことにも、「神の見えざる手」が働いていたようにも感じている。

市場経済を最終段階にまで行きつかせ、世界中の人々に「気付き」を起こさせている可能性である。さすがに現在では、多くの人が「このままではいけない」と感じ始め、漠然とした不安感を抱き始めている。問題は、なぜこのような事態になったのかについての歴史的な考察、すなわち「共同体」に対する理解が足りない点が指摘できるが、この時に大きな意味を持つのが、「お金」が「神」から「紙」に変化する状況である。

■歴史的大転換期のアウフヘーベン

歴史を遡ると、数多くの「時代の大転換期」が存在した。ある種の「アウフヘーベン（止揚）」とでも呼ぶべき状況が発生したのである。ドイツの哲学者である「ヘーゲル（1770年〜

1831年)」が指摘した「正反合」という動きにより時代が進化する可能性だが、実際のところ、「明治維新」の時に「尊王攘夷派と開国派が争い、結果として、武士の時代が終焉した状況」、あるいは西暦1600年前後の「戦国時代」に、「東軍と西軍とに分かれて争ったものの、その後は平和な時代が訪れた」というような展開のことである。

また、今から800年ほど前の「鎌倉時代」には、「平家」と「源氏」の争いにより、平安貴族の時代が終焉し、その後、武士の時代が始まった。より大きな時代の転換は、「文明法則史学」が教えるとおりに、「800年毎に、東洋と西洋の時代が後退している事実」が指摘できる。

今回の「西暦2000年前後」については、「西洋の時代が終焉し、新たな東洋の時代が始まる時期」とも考えられ、現在ではその通りの展開となっているものと感じられる。現時点で必要なことは、「どのようなメカニズムで、世界の大転換が発生するのか」、あるいは、「これから予想される東洋の時代では、どのような価値観が中心になるのか」を考えることである。

1600年前の西ローマ時代の末期が、現在とよく似た状況であり、ご存知のとおりに、「パンとサーカス」の文明に明け暮れたものの、最後には財政破綻とインフレにより、あっという間に帝国が破たんした状況だった。

今回も同様の展開が予想されるが、大きな違いとしては、格段の技術進歩が指摘できる。1600年前とは違い、現在では、自然科学の分野で大きな技術的進化が発生しているのである。しかし一方で、世界的な核戦争などが発生した場合には、反対に、地球に人類が住めなくなる可能性が存在するのも、間違いのない事実である。これから発展する分野は「経済学」や「倫理学」などの社会科学であり、「唯物論」から「唯心論」への価値観の変化である。価値観における「アウフヘーベン（止揚）」が起き、更なる人類の進化が期待できるのである。

■「心の闇」と「真理の光」

日本の歴史を研究すると、色々と不思議な出来事に遭遇する。特に私自身が気になるのは、明治維新や第二次世界大戦における日本人の意識変化である。明治維新をキッカケにして、約２５０年も続いた幕藩体制が突如として崩壊し、第二次世界大戦をキッカケにして、軍国主義が民主主義に大転換したからだ。

当時の人々は「なぜ、幕藩体制が崩壊したのか」、また、「なぜ、日本が戦争に負けたのか」などを真剣に悩み、苦しんだものと推測されるが、実際には、大事件の発生という事実を受け入れざるを得ない状態でもあった。不思議な点は、「なぜ事前に、時代の大転換を予想する人が、ほとんどいなかったのか」ということである。ほとんどの人は時代の大波に巻き込まれ、右往左往した。しかし反対の観点からは、「節から芽が出る」という言葉のとおりに、大混乱期の節目が存在し、その後、日本経済が飛躍的に発展したのである。

多くの人が予想していることとは、明治維新と第二次世界大戦に続く「第三の敗戦期」を、現在、迎えているということである。日本のみならず、世界全体が金融面での大混乱期に遭遇している。この結果として「心の闇」が時代の閉そく感を産んでいるが、一方で、実際の大事件は人々に対して「真理の光」を与えてくれる。「時代は、常に変化する」という真理に対して、人々の認識が追い付かない時に心の闇が発生し、その後、大事件に遭遇した時に、歴史の真実を受け入れ、真理の光が照らし出されたのである。

多くの人が、「なぜ」を問うた時に、さまざまな謎が解明される。

「万有引力の法則」を発見したアイザック・ニュートンは、「リンゴが木から落ちる様子を見たことが、発見のきっかけだった」と伝えられているが、実際には「熟慮にふけっていたニュートンが、ある日、リンゴが木から落ちるのを見た時に、重力の概念に気が付いた」という点に、より詳しい解説が付け加えられている。彼は、「なぜ、リンゴは、垂直に地面に落ちるのだろうか」、「なぜ、上や横に落ちずに、常に、地球の中心に向かって落ちるのだろうか」という率直な疑問を持ち続けていた時に、瞬間的な閃きが訪れ、結果として「万有引力の法則」を発見したのである。

■パラダイムシフトと創造的破壊

現在、典型的な「パラダイムシフト」が起きている。その時代や分野において当然のことと考えられていた認識や思想、社会全体の価値観などが革命的にもしくは劇的に変化する状況である。「文明法則史学」が教える西洋から東洋への時代転換のことだが、この法則でしか、現状説明ができないものと考えている。

「時代の大転換」の原動力は「マネーの大膨張」であり、現在は、1600年前の西ローマ帝国の崩壊時と同様の展開といえる。大きな違いは、飛躍的な技術革新が指摘でき、新たな「産業革命」とも言える「IoT」や「AI（人工知能）」などにより、私自身が危惧していた「マネーの縮小による、地方への人口移動」も解決できるものと考えている。

今までは、「マネーの大膨張」や「通貨への信頼感向上」などにより、多くの人々が富を求めて大都会へ移住してきたが、今後は反対に、大インフレによる「マネーの縮小」や「都会に住みづらくなった人々が、地方へ分散を始める状況が想定される。文明法則史学が教える「大転換期に発生する民族の大移動」である。

現在、国家財政の行き詰まりや先進各国の中央銀行による出口戦略などにより、私の想定する事態へ日々刻々と近づいているが、このことは「シュンペーター」が提唱した創造的破壊を意味している。マネーの大膨張が「技術革新」を生み出し、その後の大収縮が「古い時代」を壊す状況のことだが、今後は、極めて効率的かつ生産的な社会の到来も予測できるようだ。「自動車の自動運転」や「無人トラクター」、あるいはさまざまな技術革新により、かつての「飛脚」や「駕籠かき」などのような過酷な仕事から解放されるのである。

「経済学」や「道徳」などの社会科学が、飛躍的な発展を遂げ、「戦争」のない「平和な社会」が到来するものと考えているが、これから想定される「大インフレ」は、そのための絶好のキッカケとなるようだ。また、この時に考えなければいけない点は、現代人の思考法でもあるが、「自然科学」においては、「強い頭脳」の人が成功者となっており、「社会科学」においては、いまだに「速い頭脳」の人が力を持っているのである。

■速い頭脳と強い頭脳

2017年10月、「二日続けて、日本人がノーベル賞を受賞した」という嬉しいニュースが届いた。この時に感じたことは、「自然科学」と「社会科学」との違いであり、そして「速い頭脳」と「強い頭脳」の違いでもあった。大自然に存在する物質について解明する学問が「自然科学」であり、人間の行動について法則を解明するのが「経済学」などの「社会科学」であることは、すでに説明したが、ここでの大きな違いは「実験が可能か否か」である。

「自然科学」の場合には、この時の受賞者のように、「微生物」と「ニュートリノ」という「既に存在する物質」について、新たな発見や応用がなされたが、この時には、理論を生み出すための実験が可能だった。しかし一方で、「社会科学」の場合には、人類の歴史を参考にしながら新たな理論を構築する必要性があり、自然科学のような実験ができない。約２００年の歴史が存在する現在の「資本主義」についても、初期段階と現在とでは大きな違いが存在し、根本的な研究や検証のために必要なサンプル数が不足しているのである。

しかしこの点を考慮しても、より大きな違いとして、「速い頭脳」と「強い頭脳」が指摘できる。「速い頭脳」は、「答えのある問題を、早く解く能力」であり、また、「強い頭脳」は「答えの存在しない未知の問題を、粘り強く考え続ける能力」である。

現在、自然科学の分野では、強い頭脳の持ち主が学会などのリーダーとなり、謙虚な態度で、真摯に新たな理論を構築する努力を行っている。しかし一方で、社会科学においては、速い頭脳の持ち主が、政治や経済などの分野で優位に立ち、過去の理論に固執し、現状を見ない傾向が存在するのである。「前例主義」による官僚支配体制のように、今までに経験したことが無い事例や新しい理論などは拒否される傾向が存在し、新たな進歩を阻害しているのである。

▪「腑に落ちる」と「腑に落とす」

私の経験則では、「腑に落ちる」ということよりも、「腑に落とす」という方法の方が有効だった。「お金の謎」や「時間のサイクル」などの未知の難問について、いったん腹の中に収める手法である。「腑に落ちる」という言葉は、「分からなかった事柄が、心から納得できた」、あるいは「他人からの説明が、よく理解できた」という意味で使われているが、私自身は、未解決の難問の役に立たなかったものと考えている。

一方で、「腑に落とす」という方法は、腹の中にしまっておいた問題が、その後の時間の経過とともに、答えが閃いた状況を意味している。私はこのことを何度も経験し、その後、これらの答えについては、ほとんど間違いがなかった。

今後も、さまざまな難問に対して、この方法を継続しようと考えているが、この時に考えさせられたことが、エジソンの言葉である「99％の努力と1％のインスピレーション」だった。エジソンも、新商品の開発に際してさまざまな実験を繰り返し、数々の失敗を犯した。その結果として得られたのが、「一瞬の閃き」だったものと思われる。

寝ても覚めても一つの問題を考え続ける努力の結果、想いが天に通じたのである。「あの世」にも人々が存在し、「人間の魂」は不滅であると考えると、あの世に帰った人々が、閃きという形で答えを教えてくれるものと思われるが、この点については、あまりにも荒唐無稽な考え方と非難される可能性もある。科学一辺倒の時代において、「あの世」の存在は全く無視されているからだが、今後、世界中の人々がさまざまな難問に悩まされた時に、結果として、「目に見えない存在」や「あの世」に行き着く状況も考えられる。

■カサンドラの予言

ギリシャ神話に「カサンドラの予言」という話がある。「アポロンに愛されたカサンドラが、アポロンの恋人になる代わりに予言能力を授かったが、予言の力を授かった瞬間、アポロンの愛が冷めて自分を捨て去ってゆく未来が見えてしまった」という内容である。

そのために、「カサンドラは、アポロンの愛を拒絶してしまうが、憤慨したアポロンは『カサンドラの予言を誰も信じないように』という呪いをかけてしまった。カサンドラが、パリスがヘレネーをさらってきたときも、トロイの木馬をイリオス市民が市内に運び込もうとしたときも、これらが破滅につながることを予言して抗議したが、誰も信じなかった」というものである。

現在、この神話は、「真理や真実が、人々に対して、正確に伝わらないこと」に対する「象徴的な寓話」として用いられている。多くの人々は、自分にとって不都合で快くない予言を聞こうとしないのである。世の中が激変する状況を見て、初めて「真理」に気付かされるのだが、現在の世界的な金融情勢は、まさに「トロイの木馬が、イリオス市に運び込まれた状況」である。

「日米欧の国々」が、歴史上、最大規模の「量的緩和（QE）」を実施した結果として、「中央銀行のバランスシート」は未曽有の規模にまで膨らんだ。すでに「アメリカ」は「量的引き締め（QT）」を始めた。「敵の兵士を、大量に満載したトロイの木馬」が、世界の金融システムに組み込まれたのである。

今後、最も注目すべき点は、膨大に膨れ上がった中央銀行のバランスシートが、どのような動きを見せるかである。単純にバランスシートの残高を急減させると、「世界的な大恐慌」の再来が予想され、一方で、減少した国債などの保有残高を「紙幣の増発」で埋め合わせると、世界的なハイパーインフレが到来する。これからの数か月間は、いまだに実現していない「カサンドラの予言」が、「大恐慌なのか、それとも、大インフレなのか」を真剣に考える期間である。私自身は、今まで大恐慌の再来を恐れすぎたことが、今後、グローバルハイパーインフレを引き起こすとも考えている。

第四章　第一次大戦後ドイツのハイパーインフレ

多くの人々は、本当のインフレを体験していないために、現状理解が難しい状況である。しかし、幸い私自身は、1977年に金融界に従事し始めたため、1979年の金（ゴールド）バブルと1980年代初頭の高金利状態を体験し、わずかながらも、金利急騰の恐ろしさを感じることができた。

この章では、歴史上、最も有名なインフレといわれる「1914年から1924年までのドイツ」で、どのようなことが起こったのかについて学びたい。

金融専門家のコサレス氏が紹介する「Scientific Market Analysis」という研究機関のレポートを掲載させていただくが、このレポートが作成されたのは今から50年近く前の1970年だった。部分ごとに抜粋し解説を加えるが、最初にコサレス氏の序文を掲載する。

（１）コサレス氏の序文
――２０１８年アメリカと１９２４年ドイツの相似

１９２４年のドイツと現在のアメリカ（２０１８年）については、多くの共通点が存在し、そのことが、危機感の原因となっている。ただし、現在のアメリカは、まだ、当時のドイツが落ち込んだ「深い穴」には至っていないが、１９７０年代初頭から始まった恒常的なドルの下落について注目し、警告を発する人は、現時点でも、数多く存在しない。

現在のアメリカと１９２４年のドイツとの違いは、単に、原因と結果に関する時間的な違いである。ドイツの場合には、数年間という短期間の内に問題が発生したが、アメリカのインフレについては、長期間にわたっていることが見て取れるからである。（コサレス氏）

コサレス氏が、あえて「１９２４年のドイツ」という言葉を使ったことは、「勇み足」の状況である。１９２４年のドイツは、大インフレが終了した時点であり、現状と比較すると時期尚早だからだ。ただし過去数十年間のアメリカ、そして世界の金融情勢については、１９７１

年のニクソンショック以降の世界経済が、当時のドイツとフラクタル（相似的）な関係となっているものと思われる。

１９１４年から１９２４年のドイツで発生した現象は、コサレス氏が指摘するように「１９７１年から現在まで、世界的な規模で繰り返されている状況」とも想定される。

私としては、この点に関して、二つの理由が挙げられるものと考えている。一つは、アメリカの中央銀行が、ドイツの経験から、いろいろな点を学んだ結果として、「フィアットマネー（政府が発行する通貨）」の急増に関する悪影響を遅らせることが可能になった点である。

また、二つ目の理由としては、当時のドイツが、第一次世界大戦の敗戦国であり、また、世界から隔離された小さな国家だったという点が指摘できる。

その結果として、当時のドイツは、国債の買い手が見つけにくい状況となり、借金を、国内で手当てをする必要性に迫られた。そして、最後には、紙幣の大増刷に走らざるを得なかったのである。（コサレス氏）

１９８７年のブラックマンデー以降、世界が恐れたことは「１９２９年のアメリカ大恐慌」が再来する事態だった。また、１９２９年の大恐慌が発生した原因としては、「１９２３年のドイツにおける大インフレ」が指摘できる。

「大インフレ」を恐れ、「過剰な金融引き締め」を実施した結果として、世界の金融機関が連鎖倒産に陥ったのである。しかし、大恐慌時の米国家財政はきわめて健全な状態でもあり、大インフレが発生する状況ではなかったが、現在では、当時のドイツ以上に世界全体が危うい状況である。


最近まで、アメリカ合衆国は、米国債に対する強い需要を享受することが可能だった。その結果として、米国の債務問題が及ぼす悪影響は、ほとんど表面化することがなかった。そして、現在では、長年に及ぶ超低金利状態により、米国の国家債務が、コントロール不能な状態に陥る可能性について、世界的な危機感が高まるとともに、米国債の購入者が減少している。

海外からの米国債購入者が減少すると、FRBとしては、国家債務に関して、現代版の「紙幣の増刷」により、資金を賄う必要性に迫られることになる。

「国家債務がコントロール不能になるかどうか?」については、議論の余地があるが、趨勢的な傾向については、きわめて危機的な状況とも考えられる。

「ニクソン大統領」の時代、年間で最大の財政赤字は「3090億ドル」だったが、その後、「フォード大統領」の時代が「８７２０億ドル」、そして、順次に、「カーター大統領」の時代が「８１２０億ドル」、「レーガン大統領」の時代が「３・０２兆ドル」、「ブッシュ大統領（父親）」の時代が「４・３２兆ドル」、「クリントン大統領」の時代が「３・４７兆ドル」、「ブッシュ大統領（息子）」の時代が「10・17兆ドル」、そして、「オバマ大統領」の時代が「18・85兆ドル」という状況だった。（コサレス氏）

１９７１年のニクソンショック以降、世界の通貨制度は、それまでの「金本位制」から、私の提唱する「信用本位制」、すなわち人々の信用や錯覚が基本となった通貨制度に変更された。その結果として発生した事態が、人類史上、未曽有の規模でのマネー大膨張だったが、残念ながら現在でもこの点が理解されていない。

次のレポートのとおりに、「国家債務」と「インフレ」には、絶対的な関係が存在する。つまり、国家債務はインフレにつながり、コントロール不能な状態に陥った時に、ハイパーインフレが発生するという事実である。

アメリカ合衆国が「悪夢のようなインフレ」に襲われるかどうかは、定かではないが、傾向としては、好ましくない展開となっている。

ドイツのハイパーインフレを生き延びた人々は、インフレの初期段階で、金（ゴールド）を買った。

市民であり、また、投資家でもある我々ができることは、準備しながら、悪夢が訪れない状況に期待することである。このレポートは、1970年に、「Scientific Market Analysis」が作成したものだが、大インフレの悪夢に対する備えとしては、たいへん重要だと考えている。

（コサレス氏）

「Scientific Market Analysis」のレポートについては、基本的に「ギャロッピング・インフレ」と「ハイパーインフレ」の違いに関して、若干の誤解が存在する。同時に考えなければいけない点は、やはり、数十年後に大インフレを理解する態度と、大インフレを実際に体験した人々の態度との違いである。

過去の歴史はすでに結果が分かっているが、一方で、その時々に生きる人々とっては明日が見えず、大きな不安感を抱いている状況でもあった。歴史を研究すると、往々にして「なぜ、これほどまでにのんびりしていたのだろうか」と感じざるを得ない。「まさか、大インフレが襲うとは、夢にも思わなかった」というのが、当時、人々が感じたことだったからだ。

(2) Scientific Market Analysis 1970からの訳出とコメント

我々が歴史から学ぶことは、「政府は、通貨の運営上、まったく頼りにならない」という点である。

「金本位制」という、通貨が金によって兌換可能な時代が、実質上、終了した現在、通貨の価値は、政治家の判断と良心によって決定される。特に、戦争や経済混乱の時、通貨価値の下落とインフレ圧力は、きわめて大きなものになる。そして、その他の手段は、政治的な破滅に繋がるものと想定される。

西ローマ帝国時代にも、恒常的な貨幣の改悪が行われ、また、フランス革命の時には、大量の国債が発行された。そして、南海泡沫バブルの時にも、価値の低下した通貨が大量発行された。全て場合において、インフレは、ほとんど同じパターンを辿った。

（出典：Scientific Market Analysis）

民主主義の特徴として、「国民が、財政問題の悪化よりも景気回復を望む」という事実が指摘できる。特に過去数十年間は、世界的にこの傾向が顕著だったが、大切なことは「お金の性質」を理解することである。

「お金」は、根本の信用が使い果たされるまで、膨張、あるいは増加を続けるが、最後には「通貨価値の下落」、すなわち、「インフレ」で価値を失うという事実である。また「市場経済」が発展すると、必ず「マネーの大膨張」が起き、その後「大インフレ」が発生する。

金融危機に陥った政府は、「通貨の大量発行」が、最も簡単で頼りになる方法と考え、通貨の価値が無くなるまで、この方法を実施する。そして、全ての過程において、国民に対して、真実を明らかにせず、国民が全ての資産を失うまで、有り余るほどの説明や宣伝が実施され、新たな法律が設定される。

第一次世界大戦当時、他国と同様に、ドイツも戦費を借金で賄った。そして、このことはインフレにつながったが、規模としては、同時期のアメリカほど酷いものではなかった。

戦争が終わると、一時的な安定期が訪れたが、しばらくして、再び、インフレが始まった。1923年まで、歴史上、最も過酷なインフレが始まったのである。最後の段階では、数時間で価格が2倍になり、品物を求める群衆が、巷にあふれる状態となった。1923年の末には、一斤のパンを買うために、2000億マルクが必要とされた。数百万人もの、勤勉で倹約家のドイツ人が、生涯に貯めたお金で、一枚の郵便切手も買えない現実に直面した。彼らは、無一文の状態に陥った。

「高度に文明化され、また、知識があり、選挙によって選ばれたリーダーたちによって運営されていた国家において、なぜ、このような事態が発生したのだろうか？」、あるいは、「どのようなことが産業界で起きたのだろうか？」、また、「この時期を生き延びた人々は、ほんの僅かな人々が巨額の富を得ているときに、どのようにして資産の保全の保全を図ったのだろうか？」

（出典：Scientific Market Analysis）

ドイツの大インフレにも紆余曲折があった。この点を理解するために、最初に1914年から1921年の間に、どのようなことが起こったのかが詳しく説明されている。現時点で必要なことは、「1971年のニクソンショック」以降、現在までの「約47年間」と、「1914年から1923年」までの「約10年間」を比較しながら、「現在が、金融大混乱期の、どの状態に位置しているのか」を考えることである。

■ハイパーインフレに至る紆余曲折

1914年7月31日に第一次世界大戦が勃発し、当時のドイツ中央銀行だった「ライヒスバンク」は、通貨と金の兌換を停止した。その後、紙幣の増刷金額に対して上限が撤廃された。

政府は、国民に対して、重税をかけ、混乱させることを嫌った。その代りに、戦争に勝った場合、敵から得られる賠償金を頼りにして、多額の借金を行った。その後、ほとんどの借金が価値を失い、ライヒスバンクが発行する紙幣に代わった。後で説明されたことは、「借金の代わりに、紙幣の発行をしたようなものだ」ということだった。

戦争が終了するまでに、通貨の発行量は約4倍になったが、この時には、多くの人が予想したほどのインフレは起きなかった。1918年の12月までの期間、消費者物価は約140％の上昇にとどまった。この物価上昇率は、同時期のイギリスと同じ程度であり、また、アメリカよりも若干高く、また、フランスよりは、若干低かった。その後、ライヒスバンクが発行する債券は、30億マルクから550億マルクへ急増した。

（出典：Scientific Market Analysis）

「1914年7月31日」と「1971年8月15日」が、「通貨」と「金」との兌換が停止された日であり、その後、マネーの大膨張が発生したものと思われる。ドイツの場合、その後、紆余曲折を経ながら1923年末までに、「ハイパーインフレ」の状態に陥ったが、「ニクソンショック」から「現在」までを振り返ると、金の兌換が停止されたものの、いまだにハイパーインフレが発生せず、単に世界的な国家財政の悪化状態が継続している状況となっている。

「なぜ、この時に、インフレが加速しなかったのだろうか?」この理由としては、第二次世界大戦後のアメリカと同様の要因が指摘できる。生活必需品が割当制となり、また、贅沢品は、簡単に手に入らなかったのである。また、数百万人もの男性は戦争に駆り出され、商品を求める必要がなかった。

人々は、平和時に向けて、時には脱税をしながらも、貯蓄に励んだ。しかしながら、「インフレ」に対する燃料は、大量の紙幣発行という形で積み上がっていった。多額の賠償金が、敗戦国のドイツに課せられ、ドイツマルクの価値は他国通貨に対して下落した。

また、新たなリーダーとなった民主社会主義の政治家は、国民に対して、全ての恩恵を約束した。具体的には、「給与の増額」、「労働時間の減少」、「より充実した教育システム」、そして、「新たな社会保障」などだが、これらの全ては、生産設備に制限があり、供給に対する問題が存在する中で、需要増加の要因となった。

（出典：Scientific Market Analysis）

上記のコメントは、現代社会を彷彿とさせる状況である。政治家が、国民の人気を取ろうとする態度（ポピュリズム）をとっていたからだが、やはり選挙に勝つためには、国民が望むような政策を実施しなければいけなかったのである。

その結果として、国家の借金が増え続け、最後には「インフレ税」という形で、国民が借金の付けを払う展開となったが、このことは過去の歴史が教える教訓である。

これらの理由により、休戦協定から1920年の2月までに、物価は5倍に上昇したが、同時期に市場に流通する紙幣の量は2倍にすぎなかった。価格の上昇は、紙幣の増刷よりも、はるかに速いスピードで進展した。その結果として、官僚は、物価上昇を政府の責任にした。このように、短期的な価格変動の要因としては、「人々の信頼感」が指摘できるが、実際には、マルクへの信頼感が減少すると物価が上昇し、反対に、信頼感が増加すると物価が低下する。そして、この時には、マルクへの信頼感が減少するとともに、数十億マルクものタンス預金が市場に出回ったために、インフレ率が加速したのである。（出典：Scientific Market Analysis）

金融緩和と実際のインフレとの間には、時間的なズレが生じる。国民が、政府の発行する通貨を信用しているかどうかが、大インフレの発生に関して最も重要なポイントである。

現在は、世界中の人々が国家の発行する通貨に対する不信感を醸成している段階であり、後は、国債価格の暴落が始まった時に全てが明らかになるものと思われる。

１９２０年の2月まで、インフレ率は、通常の理論通りに展開したが、次の15ヶ月間は、物価の安定期に入った。実際のところ、マルクの価値は、他国通貨に対して上昇し、物価は50％も下落したのである。この時が、安定した通貨を形成するための、絶好の機会だった。しかしながら、この時期においても、政府は、紙幣の増刷を継続した。紙幣の流通量は50％増加し、ライヒスバンクの発行する債券は１００％増加した。そして、新たなインフレの勃発を招く結果となった。

１９２１年5月、物価は、再び、上昇を始め、１９２２年7月までに７００％も上昇した。ライヒスバンクは紙幣を増刷し続けたが、物価の上昇率よりも、遅いペースでもあった。実際のところ、この時期の紙幣の増刷は、物価の上昇よりも遅いペースだったが、物価の上昇については、物価の安定期に増刷された紙幣の効果により、早いペースとなった。

１９２２年7月、ハイパーインフレが始まった。通貨に対する信頼感は、完全に失われ、その後の15ヶ月間は、輪転機で紙幣を増刷するよりも早いペースで、紙幣の価値が下落した。

（出典：Scientific Market Analysis）

■ギャロッピング・インフレからハイパーインフレ

上記のコメントにも注意が必要である。「１９２２年7月に、ハイパーインフレがスタートした」と指摘されているが、私自身は「１９２３年6月前後から、ハイパーインフレがスタートした」とも考えているからだ。

過去の歴史を学ぶことと、実際に歴史を体験することには、大きな違いが存在する。この点にも注意しながら、本当の「インフレ」について理解を深めなければいけない。「ギャロッピング・インフレ」と「ハイパーインフレ」との違いを理解することである。

私自身は、１９２３年の半ばから「ハイパーインフレ」が始まったものと理解しているが、このレポートでは、１９２２年の半ばからとなっている。

Wholesale Price Index	
July 1914	1.0
Jan 1919	2.6
July 1919	3.4
Jan 1920	12.6
Jan 1921	14.4
July 1921	14.3
Jan 1922	36.7
July 1922	100.6
Jan 1923	2785.0
July 1923	194,000.0
Nov 1923	726,000,000,000.0

ドイツの卸売物価指数

基本的には、「過去１００年間に、30ヶ国以上で発生したハイパーインフレ」については、大きな流れは同じであるものの、個々の国々で表面的な違いが存在する状況とも言えるようである。

上記の表は、この間の状況を物語っている。ライヒスバンクの金融担当者は、当初、物価上昇の根本的な原因が、為替の下落にあると考えていた。1922年の末、彼らは、マルクの買い支えを実施した。しかしながら、より速いペースで、紙幣の増刷を継続していたために、この目論見は失敗した。

彼らが行ったことは、価値のある金（ゴールド）や外貨を売却して、価値のないマルクを買ったことだった。1923年1月、マルクの下落を止めようとする努力は、完全に無力化した。フランスが、ドイツの重要産業地域である「ルール」の占領を行ったからである。ドイツは、占領地区の企業に対して資金援助を行い、静かなる抵抗を実施した。これらのコストを賄うため、あらたに数十億マルクの資金が必要とされた。

1923年末には、300台の輪転機がフル稼働し、また、150の印刷会社が2000台の印刷機を稼働し、昼も夜も紙幣の増刷を行った。インフレ圧力の上昇により、実体経済は、熱狂的なスピードで好景気の状態となり、失業率がゼロ％に減少した。

しかしながら、労働者の実質所得は急速に減少した。労働組合は増えたものの、十分に対応できる状況ではなかった。国内の工場労働者やホワイトワーカーは、特にひどい被害を受けた。彼らには、賃上げを交渉する労働組合が存在しなかったために、時として、飢えの苦しみを味わった。

多くの人々が、明らかな栄養失調の症状を示した。一方で、高度な技術を持った人々や、新聞記者などのように、いわゆるプロフェッショナルな人々は、未熟な技能を持った人々よりも、賃金の実質低下の速度が遅かったが、結局は、時間の問題で、生活に必要な最低賃金のレベルにまで落ち込んだ。

（出典：Scientific Market Analysis）

「国家の財政破綻」、そして「中央銀行の紙幣大増刷」が、ハイパーインフレの基本的要因であるが、「どのようなスピードと規模で、ハイパーインフレが発生するのか」については千差万別の状況である。

しかも現在では、一国のみならず、世界全体で国家財政の破綻が懸念される状況である。インフレ圧力の上昇期には、実体経済が熱狂的なスピードで好景気の状態になるが、重要な点は「ギャロッピング・インフレ」と「ハイパーインフレ」の違いである。最終段階で、約6ケ月間の「ハイパーインフレ」が発生し、企業の経営そのものがきわめて困難な状況に陥るが、それまでの「ギャロッピング・インフレ」の時期には、企業収益が急改善するからだ。

■食料暴動と失業者の群

企業経営者は、本来の仕事よりも、株式や商品への投機に励んだ。数千人もの零細企業経営者は、繊維や靴、あるいは、肉や石鹸、そして、衣料など、手に入る全ての商品に投資して、かろうじて生計を立てることができた。

マルクが下落するたびに、人々は店頭に駆け込んだ。人々は、何十枚もの帽子やセーターなどを買い漁った。

１９２３年の半ばになると、多くの人々は、一日に三回、給料を受け取った。そして、その給料を妻に渡し、その妻は、お金を持って店頭に駆け込んだ。しかしながら、この時には、多くの店で、品物が枯渇した状況でもあった。商店も品物が手に入らず、また、物価上昇に追いつくスピードでの商品確保ができなかった。

農民は、価値のない紙幣と交換に農産物を渡すことを拒否し始めた。食料を求めて暴動が勃発した。労働者の集団が地方の農地へ行き、野菜の略奪を行った。多くの企業が閉鎖され始め、失業率が、突如として急増した。実体経済が崩壊し始めていた。

（出典：Scientific Market Analysis）

このコメントは、典型的なハイパーインフレの状態を表しているが、このレポートが作成されたのは１９７０年であり、実際の出来事から47年後のことだった。

そのために、ハイパーインフレの事実にだけ目を奪われ、その当時のドイツ人がどのように考え、どのように行動したのかが、よく理解できなかったものと思われる。当時のドイツ人は、１９２３年半ばまでそれほど危機意識を持っておらず、株価の上昇などに喜んでいたものと推測されるのである。

■中産階級の絶望とヒットラーの出現

給与所得だけに頼っていた中産階級の人々は、絶望的な状態に陥った。彼らは家具や衣料品、宝石などを売却して、食料を買わざるを得なくなった。これらの品物を買い付けた店は、商品で一杯に溢れる状態となった。病院や文化芸術施設、そして、慈善事業や宗教的組織は資金不足で閉鎖された。

しかし、このような状況下で起きたことは、いわゆる「レンテンマルクの奇跡」と呼ばれる金融政策だった。通貨価値の下落が止まり、インフレが終息し、経済は急速に回復した。

しかし、インフレは、その後も、人々に悪影響を及ぼした。数百万人もの中産階級は、インフレで壊滅的な打撃を受けた。彼らは、急進的な右翼政党を受け入れ、ヒットラーの出現、あるいは、共産主義の台頭に繋がった。

(出典：Scientific Market Analysis)

このコメントは、1923年の後半、すなわち「ハイパーインフレ」と、その後の「デノミ」や「通貨制度の変更」を表している。また、「レンテンマルクの奇跡」については、きわめて短期間でインフレが終息した、たいへん珍しい出来事でもあった。「1991年のソ連崩壊」

などとは、大きな違いが存在したのである。

■ハイパーインフレの原因とメカニズム

「なぜ、大インフレが発生したのか」。我々の結論は、きわめて簡単なものである。インフレは、政府が通貨を大量に発行することにより発生し、商品価格を急騰させる。そして、インフレが加速すると、より多くの紙幣増刷が求められるようになる。

このような状態にならないために必要なものは政治的な勇気だったが、実際には存在しなかった。しかも、いつものとおりに、事実が隠蔽され、数多くの言い訳と説明、宣伝が行われた。

重要な点は、全ての人がインフレに反対したのではないという事実である。多くの大企業経営者は、インフレに喜んだ。借金が棒引きにされたからである。彼らは防衛手段を熟知し、実際には、外国為替の取引や、株式や商品への投資、あるいは、設備投資などを、銀行からの借入資金で行うことにより、巨額な利益を得ることができた。彼らの給与は、実質上、減少したが、彼らの利益は急増した。

一方で、多くの労働者は、インフレの初期段階では利益を得ることができた。給料が上がったが、事実を認識するために、時間が必要だった。物価の上昇率が速まり、実質所得が急減し始めた。

（出典：Scientific Market Analysis）

このコメントも、やはり、インフレの加速度合を理解する必要がある。つまり、「初期のインフレ」から「コントロール不能なインフレ」まで、「どれほどの期間でインフレが進行し、その時に、人々がどのような行動を取ったのか」ということである。

当時は、「約2年」という期間に、誰もが信じられないほどの物価上昇が発生したが、人々は右往左往しながら、必死に情勢の変化に対応しようとした状況でもあった。

政府が資金を必要とし、人々から借金ができなくなると、債務の貨幣化、すなわち、紙幣の増発が発生する。

そして、このことは、膨大な債務を負っている国で起こりがちだが、実際には、1970年のアメリカでも発生している事実である。FRBは、市場の安定のために、できるだけ多くの債券を買おうとする。そして、表面上は、「国家の借り入れ」という形を取りながら、結果としては、紙幣の増発が発生するが、このことが、1920年前後のドイツで起こったことである。税金の制度は、実質上、崩壊した。企業経営者は、このことを、税金支払いの遅延で認識した。マルクの価値が下落したことにより、税金の価値も減少したからである。しかし、政府は、十分な税収が得られないために、より一層、紙幣の増発に邁進した。

1923年の10月には、政府歳入の1%が所得税であり、残りの99%が紙幣の増発によるものだった。しかしながら、インフレが加速する要因となったのは、流通する紙幣の価値が減少したことであり、また、この点については、過去の大インフレに共通する事実である。

（出典：Scientific Market Analysis）

現時点で取れる方法は、本当のインフレを理解し、今後、インフレが発生した時に、ピンチをチャンスに変えることである。「今まで経験しなかったから、今後も起こるはずがない」というような考えを捨て去り、過去100年間に、日本を含めた数多くの国々で、ハイパーインフレが発生した事実を受け入れることである。

「人よりも、一歩先を行く投資態度」を取ることにより、大混乱の時代を無事に生き抜くことでもあるが、現在、海外では急速にこの意見が増えている。

前述のとおりに、戦時中のインフレは、紙幣の増発よりも、遅いペースで進展した。しかし、いったん、人々が「通貨に対する信用」を失うと、政府が紙幣を発行するスピードよりも速くインフレが進行する。その結果として、市場で流通する紙幣の総額が、実質的に、大幅に減少する。あるエコノミストは、次のように語った。「戦時中よりもインフレ時の方が、資金需要に対して、より少ない金額しか流通していない」というものだが、このことは、驚きであるとともに真実でもある。戦争前に比べ、インフレ時には、15倍から20倍の資金が流通したが、一方で、物価は40倍から50倍も上昇したのである。

実際のところ、金価格に換算した紙幣の流通総額は、1920年1月に74・28億マルクだったが、1923年7月には、たった1・68億マルクにすぎなかったのである。

（出典：Scientific Market Analysis）

これから重要な点は、前記のコメントのとおりに、「通貨」に関して名目的な価値と実質的な価値を理解することである。つまり、現在は「100円で、100円のパンが一個買える状態」でもあるが、今後は「パンの価格が200円、あるいは、1000円というように急騰する状況」が想定される。100円の価値が急減するわけだが、この点を「社会全体の通貨供給量」で示したのが、前記の説明である。

「大量の紙幣」が発行されたが、一般的な人々は、より一層、必需品を買うための資金に窮するようになった。「銀行」は、資金不足により、小切手の支払いができなくなった。「企業経営者」は、原材料の購入や給料の支払いで、資金面で窮するようになった。「政府」も同様の問題に対面した。

市場には、それほど多くの資金が存在するように思えなかった。反対に、資金が少なくなっているようにも感じられた。資金を要求する人々が、至る所で増え始めた。

紙幣を印刷する輪転機を止めると、ビジネスが停滞し、数百万人もの人々が、路上生活者に陥るほどの危機感が存在した。政府機能も、実質上、停止した。「1923年10月25日」、「ライヒスバンク」は「12京マルクの紙幣」を印刷したが、不幸なことに、その日に必要な紙幣は、「100万×1兆マルク」という天文学的な金額だった。（出典：Scientific Market Analysis）

前記のコメントは、「約6か月間のハイパーインフレ」に関する説明であり、現時点で世界全体が、この状態に至っていないという点は明らかだが、現在の「ベネズエラ」については、マスコミの報道のとおり、すでにこの段階に入っている。そのために、「今後、1～2年の内に、世界全体が同様の状態に陥る可能性」を考慮しながら、「ベネズエラが、今後どのような展開を見せるのか」を注意深く見守っていきたい。

人々が、いったん、「通貨に対する信用」を失うと、「通貨を排除する傾向」が生まれる。そして、このことは、「ケインズ」が指摘したように、「紙幣の流通速度」を速めることとなるが、実際には、

「物価の上昇」が「紙幣の増刷」を上回る状況が発生する。

「マーシャル」は、この点に関して、次のように結論付けている。「不換紙幣の総価値は、量の増加では増やすことができない。量の増加は、一単位当たりの通貨価値を、量の増加よりも早いスピードで減少させる」というものである。

しかしながら、通常、政府は、「インフレの発生」に関して、自分以外の他者を攻撃する。戦時中、「インフレ率」が「紙幣の増発率」よりも低かった時には、「紙幣の発行量は危機的な状況ではない」と主張した。

その後、「信用」が消えうせ、「物価」が「紙幣の発行率」よりも急騰すると、「政府が悪いのではなく、単に、物価上昇で必要とされている紙幣を増刷しているだけだ」と主張したのである。

この章については、「ミルトン・フリードマン」の言葉を引用して結論とする。「ロシア革命のとき、ボリシェビキは新たな通貨を導入した。その通貨は大量に発行され、間もなく価値を失った。同じとき、古い帝政時代の紙幣が、市中に流通しており、商品との交換が可能だった。そして、この通貨の価値は、新たな通貨に対して大きく上昇した。なぜだろうか？この紙幣は兌換紙幣でもなかった。誰もが、帝政時代の復活を望んでいたわけでもなかった。なぜ、この古い紙幣の価値が上昇したのだろうか？」、「フリードマンの答え」は、「誰も、それ以上、その紙幣を印刷する人がいなかったからだ」というものだった。

（出典：Scientific Market Analysis）

歴史を見ると、政府がいかに信用できないか、如実に理解できる。今後、世界中の人々が、通貨に対する信頼感を失い始め、「換物運動」という通貨を物に換える態度を取り始めるものと想定される。現在の好景気と株高も、この点に関する「初期的な動き」とも思われるが、次に、より具体的な例として、どのようなことが実際に発生したのかが説明されている。

インフレが進行すると、人々は、慌てて物を買い始め、価値の低下した通貨を手放そうとする。同様の理由で、企業経営者も、機械や原材料を購入し、新たな工場を建設する。このような目的で、多額の債務を抱えた人は、インフレで借金が棒引きになる。多額の流動資金が設備投資に使われる。

インフレが最後の段階に到達するまで、景気が好くなり、失業率は、実質的にゼロになる。農民は、大量に農機具を買い、現金を持とうとしなくなるが、後で、役に立たない農機具の存在に後悔することとなる。造船業も、需要を上回る規模で、新船を建造する。限界的な鉱山までもが開発され、後で、需給の悪化に見舞われる。

基礎的な産業は発展するが、消費産業、具体的には、衣料品や肉、ビール、そして、たばこなどの産業は停滞する。給与所得で生活する多くの人々は購買力を失う。産業の集中化が急速に進展する。大企業は、商品価格の値上げが簡単になり、銀行からの信用供与や原材料も手に入りやすくなる。新たな金融商品が作り出され、投機的な手段として利用される。

ドイツ産業界のリーダーである「クルップ」や「ティッセン」、そして、「シーメンス」などは、新たな技術開発や組織編成などにより、他社よりも優位な地位を築いた。

（出典：Scientific Market Analysis）

このコメントは、今後の数か月間で発生する現象を表しているようだが、実際には「ギャロッピング・インフレの本格化」である。

企業は、好業績を背景に設備投資を増やし、原材料などを確保する状況が想定されるが、給与所得者や年金生活者などは、通貨価値の下落により、今までの生活を確保することが難しくなり、結果として消費を減らす状況が予想されるのである。

インフレ時には、抜け目のない投機家などが、短期売買で巨額の利益を得ることができるようになった。最も成功した投資家は、インフレを早めに予測し、最大限の借金をして、商品や株式などを、割安な時に買った人々だった。

また、アメリカより40年も早く、巨大な産業複合体（コングロマリット）が、いくつも形成された。しかし、これらのコングロマリットは、ほとんどの場合、投機的なバブルの状態であり、インフレが続いている時しか、生き残ることができなかった。

表面上の繁栄の裏側で、大量の無駄遣いと非効率が支配していった。ほとんどの新たな設備やプラントは、その後、非効率的で不要なものであることが分かった。中間業者や仲買人が急速に増え、より多くの時間とエネルギーが、投機と、それに伴う事務作業に費やされた。

活発な投機により、銀行の数は飛躍的に増加した。1913年に10万行だったものが、1923年には37・5万行にまで急増した。労働者は、より非生産的になった。彼らは、インフレに打ち勝つために、自分の取引に熱中し、所得を増やそうとした。名目所得は増え、完全雇用が実現したが、労働意欲は減少していった。表面上の好景気にもかかわらず、実質的な生産は、戦争前よりも、はるかに少なくなった。

（出典：Scientific Market Analysis）

このコメントは、過去数十年間の世界的な現状と一致するようにも思われた。「マネーの大膨張」がもたらした「表面的な繁栄」の裏側で、「大量の無駄遣い」や「非効率」が支配していった状況のことである。

また、銀行の数については、一見すると正反対の動きのようにも見えるが、中国やインドなどを加えた世界全体の動向としては、ほとんど同じ状況だったようにも思われる。

■最終段階としての経済崩壊

驚くほどの価格変動により、資源や生産の合理的な配分が不可能になった。より一層、企業経営者は、投機家的な態度を取るようになった。しかしながら、失敗する人はわずかであり、その理由としては、インフレにより、借金が実質的に減少したからである。企業倒産件数は、1913年の月間815件から1923年には月間10件に急減した。

インフレの最終段階では、経済の崩壊が始まった。小売業者は、商品の手当てや、利益を得ての販売が難しくなった。彼らが受け取った通貨の価値が、あまりにも早い速度で減少したのである。より多くの商店で、商品が無くなっていった。失業率が急増し始めた。

経済学者の中には、「インフレがドイツ経済を刺激し、設備投資の増加や産業の効率化に役立った」と述べる人々も存在した。しかし、これらの投資は、インフレという夢の世界でしか、価値が存在しなかったのである。インフレは、結局のところ、安定性を破壊した。結論としては、多くのエネルギーと富が、投機や事務作業などの非生産的な手段で浪費された。生産における必要な資金が浪費され、その後の経済復興と合理化が難しくなったのである。

（出典：Scientific Market Analysis）

このコメントは、典型的な「約6ヶ月間のハイパーインフレ」を表している。基本的に、金利やインフレ率が「10％台」に到達するまでは、きわめて好調な景気になることが、過去の歴史の教えることである。その後、金利やインフレ率が「20％」を超えると、一転して経済の崩壊が始まることとなる。

▪レンテンマルクの奇跡

1923年11月に、通貨制度の変更が実施された。「レンテンバンク」という新たな中央銀行が設置され、新たな通貨である「レンテンマルク」が発行されたのである。この通貨は、土地や産業プラントなどを裏付けとした債券と、交換が可能だった。総額で24億マルクの「レンテンマルク」が発行され、「1レンテンマルク」は「旧1兆マルク」と同じ評価とされた。

その時から、通貨価値の減少、すなわち、インフレが止まり始めた。レンテンマルクの価値は保たれ、古い通貨の価値も安定化した。インフレが止まったのである。

「レンテンマルクの奇跡には、どのような秘密が隠されているのだろうか？」

結局のところ、新たな通貨は、どのような実物商品とも交換可能な状況ではなかった。「土地による裏付け」についても、結局は、作り話にすぎなかった。なぜならば、土地を抵当に入れ、分配することは不可能だったからだ。さらに、政府が、新たに「24億マルク×1兆マルク」という巨額な通貨を発行したことも見て取れるのである。

本来、このことは、さらなる「インフレの炎」に火を注ぐような状況だった。しかし、実際には、前述のとおりに、インフレが収まったのだが、この理由を理解するためには、1923年に流通していた通貨価値が、「金価格に換算すると、実質上、1680万マルクにすぎなかった」という点が指摘できる。

（出典：Scientific Market Analysis）

このコメントは「レンテンマルクの奇跡」と呼ばれており、ハイパーインフレからの回復において、歴史的にも稀に見るほどの好結果となった状況を表している。次のコメントのとおりに、いろいろな要因が重なり、歴史上、最も有名なハイパーインフレから、短期間の内に立ち直ることができたのである。

この時から、「インフレ」が経済用語となった。それまでは「風船を膨らますこと」を意味する「インフレ」が、その後「物価上昇」を表すようになったのである。

「インフレの嵐」が、人々の信頼感を崩壊させたことにより、当時の人々は、「紙幣の輪転機が永遠に回り続ける」と錯覚したが、実際には、実質的な通貨量が急減し、貨幣に対する需要が増加していたのである。

人々が、通貨に対する信頼感を持っていれば、新たな通貨はインフレなしに導入可能である。しかし、「レンテンマルクは、どのようにして信頼感が形成されたのだろうか?」、この点に関して、最初に重要な事実は、政府が「通貨の安定」を宣言したことである。当時の人々は、安定した通貨を待ち望んでおり、実際には嘘や間違いに気付くまで、この言葉を素直に受け入れた。

実際のところ、「フランス革命」の時に発行された通貨も、土地による裏付けが存在したが、結局は、通貨価値の減少につながった。しかし、「レンテンマルク」の場合には、この方法が効果を発揮した。二番目の、最も重要な要因は、政府が、レンテンマルクの発行量を厳格に制限した点が指摘できる。

そして、最後の要因としては、1924年4月に、「ライヒスバンク」が、インフレの原因となっていた企業への過剰融資を止めた点が挙げられる。企業経営者は、借入金を、いわゆる「金マルク（金本位制のマルク）」で返済することを要求されたのである。その結果として、必要な金額以上の借り入れをする意欲が失われた。

1924年8月、「ライヒスマルク」の導入により、通貨制度の変更が完了した。「ライヒスマルク」は「30%が金（ゴールド）に裏付けされた通貨」だったが、金との交換は可能ではなかった。

しかし、政府は、必要な時に外国通貨を購入し、ライヒスマルクの信用維持に努めた。インフレの終了とともに、新たな重税が課された。政府の歳入は、急激に増加した。1924年から1925年の間に、政府の財政は黒字に転換した。（出典：Scientific Market Analysis）

「ドイツのハイパーインフレ」の記憶は、その後、「1929年の大恐慌」へと繋がった。インフレを恐れ、過度に資金供給を引き締めた結果として、世界的な「銀行の連鎖破たん」を引き起こしたのである。本来、「金融緩和」をすべき状況下で、アメリカが「金融引き締め」を実施し、世界の民間銀行が資金繰りに窮したのだが、この記憶は現在においても大きな影響を及ぼしている。

■自己防衛に成功した者たち

インフレが安定すると、ほとんどの企業は、運転資金不足の状態に陥った。彼らの資金は浪費され、商品や工場の設備に投資されていたために、現金が不足したのである。以前とは違い、彼らは、債券の保有者や労働者を犠牲にした収入に期待できなくなった。税金は、再び、重荷となり、賃金に関する労使協定が結ばれた。

その結果として、経営環境が大きく変化した。今度は、消費者向けの商品に対する需要が急増したが、一方で、インフレ時に増加した、生産者向けの耐久消費財に対する需要が激減した。

大量の石炭や鉄などの原材料が積み上がり、市場価格を押し下げた。しかしながら、一方で、農産品とビルディングの価格は好調な動きを見せた。
インフレ時に誕生した、数多くの投機的な産業複合体（コングロマリット）は、生き延びることができなかった。多くは破産し、小さな企業に分解された。１９２３年には２６３件、そして、１９２４年には６０３３件もの企業が破産した。ほとんどの「偉大なインフレ長者」は失敗の憂き目に遭い、ビジネス界を去った。しかしながら、「クルップ」や「ティッセン」などの、強力で、よく組織された企業は、投機や過剰な投資を嫌ったために、インフレ後の安定期を生き延びることができた。

（出典：Scientific Market Analysis）

このコメントは、これから数年間の投資に関して、大きなヒントを与えてくれている。「デノミ」や「通貨制度の変更」が実施された後に、どのようなことが起こるのかが、ある程度、理解できるからである。
今後は、「わらしべ長者」の物語と同様に、需要が無くなり価格が下がった銘柄を買い、一方で、過剰投資により価格が上昇した銘柄を売ることが重要な点である。また、「暦のサイクル」も役立つものと考えている。

投資の実情として最初に重要な点は、「インフレ時において、実質所得を得ることが難しい」という事実が指摘できる。専門家や高度な技能を持った人々は、多額の報酬を得ることができたが、同時に、実質所得の急減に悩まされた。貯蓄や年金、あるいは、利子所得などに頼っていた人々は、きわめて危機的な状況に追い込まれた。貯蓄や債権の利息は、短期間の内に、実質的にゼロになった。株式の配当も、極めて少ないか、無配の状態だった。企業経営者が、投機資金や運転資金、あるいは、設備投資の資金を必要としたからである。不動産の保有者も、それほど良い環境ではなかった。政府が家賃を凍結したために、借主が、実質上、ただ同然の家賃しか払わなかったためである。投資は失敗に終わり、現金や債券、そして、株式の価値は、急激に減少した。所得に対する急激な必要性が、さまざまな不動産や投資の価格に、大きな悪影響を及ぼしたのである。

（出典：Scientific Market Analysis）

このコメントには、若干、注意が必要である。どの時点の状況が述べられているのかが曖昧なためである。今後は、数年間の内にきわめて大きな価格変化が発生するものと思われるが、その時々に、どのような判断をし、どのような銘柄を保有するのかが、最も重要なポイントである。常に、「値上がりしたものは売却し、値下がりしたものを買い付ける態度」が求められているのである。

▼現金　現金通貨は、急速に価値を失い、実質上、ゼロとなった。全ての投資において、現金が、最も悲惨な状況だった。

▼銀行預金　理論的には、銀行預金も、現金と同様に無価値になるはずだった。しかし、政府の安定により、部分的な支払いが約束され、15％から30％が、その後、支払われた。しかしながら、当然のこととして、大多数の預金者は、インフレ時に現金を引き出し、商品と交換したために、価値が失われることとなった。この期間を通じて、預金を保有していたドイツ人は、きわめて僅かだった。

▼債券及び不動産担保債券　インフレ時の常識として、債券価格は、現金よりも早いスピードで価格が暴落する。通貨価値の安定後、法律で、いくらかの価値の復活が保証された。国債の保有者は、元の価値の2・5％が支払われた。不動産担保証券の場合には、「1925年の法律」により、15％から25％が保証されたが、実際の支払いは、その数年後だった。やはり、この時にも、ほとんどの投資家は、インフレを恐れ、安い価格で債券を現金化したのである。

▼不動産　農民や都市における不動産保有者は、かりに、土地が担保化されていたら、利益を得ることができたように思われる。つまり、裏側に存在する借金が、インフレで棒引きされたからである。しかしながら、前述のとおりに、彼らは、「家賃凍結法」により、家賃収入を得ることができなかった。インフレの安定後、新たな税金が重荷になり、また、資金需要の急増により、多くの土地保有者が、再度、借金をする必要性に迫られた。そのために、彼らの利益は、実質上、幻のものとなった。ただし、この期間中、土地を保有し続けていた人々は、資産の保全が可能な状況でもあった。また、インフレ時に、土地を売却した人々は、きわめて悲惨な目に遭った。

▼外国為替　資金を「ドル」や「ポンド」、あるいは、その他の安定した通貨や「金（ゴールド）」で持っていた人々は、資産の保全が可能だった。政府は、インフレの進展とともに、厳格な為替規制を実施した。そして、そのような状況下では、いつものとおりに、闇市場が横行することとなった。最もうまく立ち回ったのは、初期段階で、金や外国通貨に、資産を転換した人々だった。つまり、法律で規制される前であり、また、マルクの価値が急減する前のことである。

▼個人資産　「希少金貨」や「希少切手」、あるいは、「アンティーク」や「宝石」、また、「絹」

などの実物資産に、早めに資産を交換した人々は、資産価値を保全することができた。当然のことながら、インフレが始まるまで、ほとんどの人は、そのような資産を保有することのメリットを理解することができなかった。つまり、インフレが始まるまでは、それらの商品が割高に思えたのだが、実際には、現金が、最も割高な金融資産だったのである。

▼株式　通常、インフレ時には、株式が、「インフレヘッジ」の有効な手段とみなされる。しかし、実際には、それほど簡単なものではなかった。アメリカにおいて、インフレが加速した「1946年」、「1957年」、「1966年」、「1969年」に見られた現象は、欲望に駆られて、間違った時に、間違った株式を買ったという事実でもあった。基本的に、安定した株式を買い、十分な分散投資をすれば、インフレ時に資産の保全が可能である。

（出典：Scientific Market Analysis）

このコメントは、「株式」を除いて、「ドイツのハイパーインフレで、それぞれの資産が、どのような動きをしたのか」が説明されている。「株式」については、「その後の動き」がコメントされており、あまり参考にならなかったが、基本的には「1991年のソ連」、あるいは「1945年の日本」のように、株式を保有することにより資産価値の保全が可能であると考えている。

■1970年アメリカ

1939年から1970年まで、アメリカでは、物価が約200％も上昇したが、この要因としては、戦費の増加が指摘できる。かりに、更なる戦争が勃発し、軍事費が増加しても、近代では、政府が戦費のために税金を課すことはなく、新たなインフレ圧力が発生するものと思われる。政府にとっては、税金を課すことよりも、インフレを起こすことを好む傾向が存在するからだ。

もっとも最近に発生したインフレは1965年であり、ベトナム戦争の軍事費増加によるものだった。財政赤字は年間で250億ドルに達したが、「ライヒスバンク」が、ドイツ政府の赤字を賄ったように、債務の貨幣化で資金が調達された。ただし、主な違いは、新たに創られた資金が、紙幣の増発によるものではなく、銀行預金の増加だった点が指摘できるが、銀行預金については、通貨への転換や商品との交換が可能であり、結果としては、紙幣の増発と同じ効果を持つことになる。

ベトナム戦争の軍事費急増と同時に、アメリカ政府は、社会保障費の急拡大を実施し始めた。この時に議論されたことは、「アメリカ政府が、ガンとバターに使うお金があるのだろうか？」

ということだったが、結果としては、やはり、インフレが発生した。
１９７０年の3月現在、ＦＲＢと政府は、一年間にわたり、インフレに対抗するための調査を行っている。今までのところ、経済成長の抑え込みに成功しているが、インフレ率は上昇する一方である。理由は簡単だ。インフレが勢いを増してきたからだ。多くの人々、特に、企業経営者は、政府の政策に対して、信頼感を持っていない。彼らは、より一層の経済成長とインフレを想定している。そのために、慌てて、商品の購入と設備投資に邁進している。工場の設備稼働率が82％であるにもかかわらず、設備投資のブームが続いているが、この理由は明白であり、ドイツのインフレと同じ状況となっているのである。

（出典：Scientific Market Analysis）

このコメントでは、「再び、インフレの悪夢が再来するのだろうか」という疑問を、１９７０年に抱いた点が指摘できるが、この時に発生した現象は「スタグフレーション」であり、「ハイパーインフレ」ではなかった。つまり、その後に本格的な「マネーの大膨張」を発生させるキッカケとなった10年間でもあったが、現在では「１９２０年前後のドイツ」と同様に、先進各国が、全て財政破綻の危機に陥っている状況である。

1960年代の後半、新たな金融投機家が勃興し始めた。借金とインフレを利用し、巨大な「産業複合体」が形成された。彼らの株価は、1967年から1968年にかけて急騰したが、わずかなデフレの可能性と景気低迷により、1969年には、60%から80%も下落した。多くの企業が、赤字や利益の急減に見舞われた。我々としては、これらの企業が、今後の景気低迷やデフレの時期を生き残れないものと考えている。さらに、大企業の倒産が、金融大混乱に繋がる可能性も存在するが、一方で、大インフレが発生する可能性も存在する。

今日、国民が望むものは、政府主導の経済繁栄であり、また、完全雇用である。かりに、厳しい経済的な不況が訪れると、米国政府としては、公共投資などに、巨額の金額を投資せざるを得なくなる。そして、同時に、大幅な税収の落ち込みも予想される。このような状況下で、増税が難しいことも、十分に想定される。「大統領は、どのような方法を取るのだろうか?」、「輪転機を回すのだろうか?」、それとも、「その他の手段を実施するのだろうか?」

（出典：Scientific Market Analysis）

〔コサレス氏の注〕

このレポートが書かれた後、金本位制が1971年に終了した。1973年と1979年に、二度のオイルショックが発生した。また、東西冷戦のために、巨額の支出が必要とされた。

(3) コサレス氏のあとがき
――2018年アメリカはドイツ・ハイパーインフレの初期段階

このレポートに対して、「コサレス氏のあとがき」として、次のように述べられているが、私自身もまったく同感である。つまり今回のレポートを、より丁寧に分析することにより、今後数年間の「世界的な情勢」が理解できるようにも感じており、この時、私自身の「心の座標軸」と「文明法則史学」を使うことにより、無事に大インフレの動乱期を乗り切ることが可能なようにも感じている。

1970年代の末まで、二桁のインフレが、アメリカの金融界を襲った。「Scientific Market Analysis」の予想は正確であり、また、先見の明があったものと考えている。そして、導かれた結論は、いまだに有効だと考えている。1980年代に実施された「FRBによる、厳格な金融政策」のみが、この国をハイパーインフレの奈落の底から救う方法だと考えているが、現在と比べると、その時代が、比較的に安定した時期になってしまった。米国の放漫な金融政策は衰えを見せることはなく、また、2008年のGFC（グローバル金融危機）以降、FRBは、堂々と、また、弁解もせずに、「量的緩和」という債務の貨幣化を実施した。

2008年以降、米国の国家債務は、急激な増加を見せた。「RBS（ロイヤル・バンク・オブ・スコットランド）」のドリュウ・ブルック氏によると、「現在、米国は、10年国債の7割について、債務の貨幣化を実施している状況」とのことである。そして、このことは、ひとえに、歴史上、最も強いFRBへの信頼感に依存している。つまり、現在は、「ドイツのハイパーインフレ」の初期段階に相当するが、今後は、大量の紙幣増刷が実施される可能性が高まっている。このような信頼感は、決して、良い結果で終わることはないだろう。（コサレス氏）

現在の「世界的な株高」については、やはり「1920年前後のドイツ」、あるいは「1991年のソ連」などのように、政府や通貨への信頼感が喪失した結果としての「通貨価値の下落（本当のインフレ）」でしか説明が付かない状況である。今回のレポートを参考にしながら、今後も、実際の展開と照らし合わせていきたいと考えている。

第五章　「心指し」の経済学――五次元への道

前述のとおりに、２０１６年は、私にとって忘れられない年だった。「五次元経済学の基礎理論」が完成したからだが、このことは亡くなった両親からのプレゼントのようにも思われた。約２年経った現在では、この理論の正当性にますます確信を抱いている。

■心の座標軸と文明法則史学

「人類の歴史」が、この理論でほとんど説明できるものと考えているからだが、最も悩まされた点は、「心の座標軸」と「文明法則史学」を、どのように結びつけるのかということだった。２００４年に「心の座標軸」が完成し、数多くの検証を行った。

「志」は「心指し」であり、人々の心がどの方向に向かうかによって、それぞれの社会が形

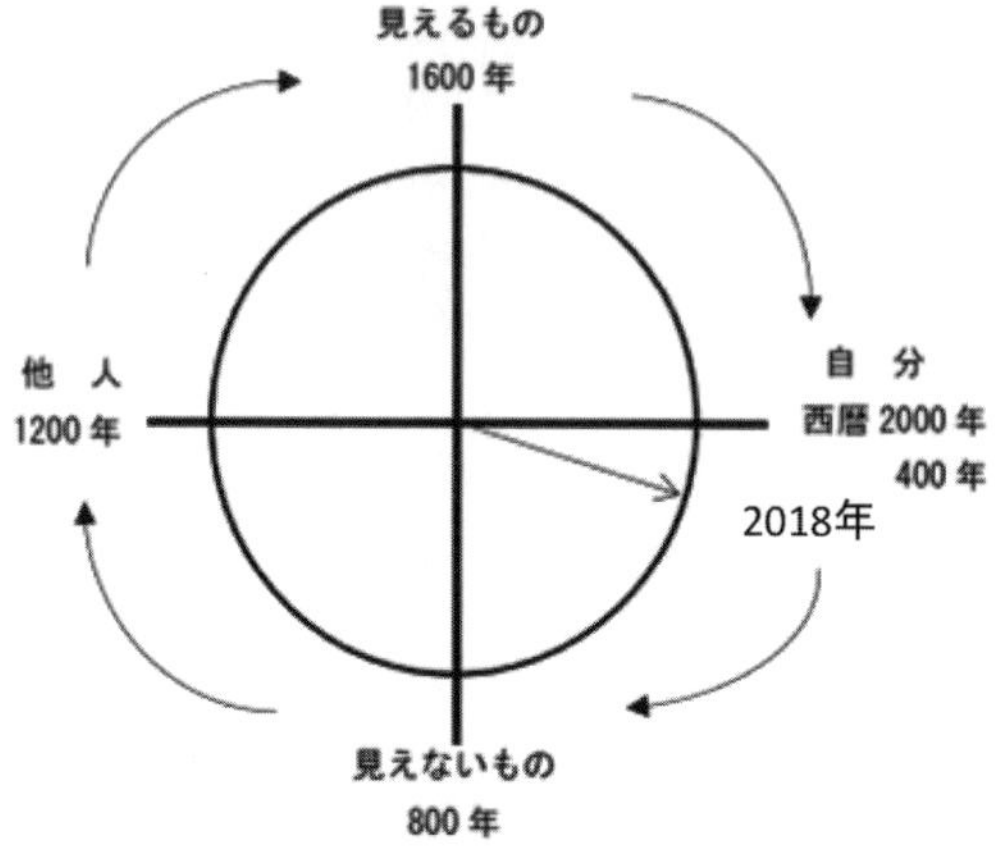

市場経済と共同体

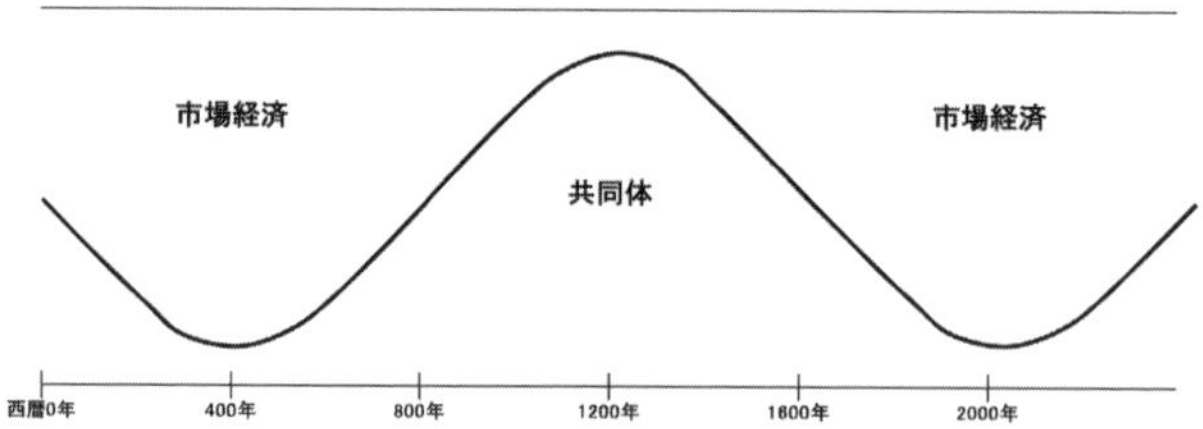

心の座標軸と文明法則史学

成される。例えば、現在は「1600年前の西ローマ時代」と同様に、人々の心は「自分」に向かい、「目に見えるもの」を求め、行動している。

「マネーの大膨張」や「大都市の形成」、そして「財政問題」や「法律の制定」など、現在と、数多くの類似点が存在するが、この点については、今までの著書で説明したとおりである。

繰り返すが、現在の経済学では、誰もが「価格は、需要と供給で決まる」と理解しているが、「需要は、どのようにして決定されるのか」については、誰も答えることができない。単に、「三次元の経済学」により、現時点で、どのような需要が存在するのかを分析するだけである。しかし、投資や商売において最も重要な点は、「数か月後、あるいは一年後に、どのような需要が発生するのか」を考えることであり、また、「死後の平穏」を望み、「現世で、神社仏閣に対する需要」も発生するのが世の中の動きである。

これらの問題に、全て答えることができるのが「心の座標軸」であり、「時間の経過とともに、人々の心指しが、どのような変化をするのか」を考えることである。

問題は、「市場経済」と「共同体」の理解だった。市場経済は、「企業」のように「人々がお金で結びつく関係」であり、共同体は、「家族」のように「無償の愛により結び付く関係」である。

西暦1200年から2000年は「西洋の時代」であり、人々は、「目に見える物質」を追い求めた。経済が成長し、それに伴ってマネーが膨張したが、この過程は、受精卵が人間の体を形作るような順番で進展した。「変化の学問」と言われる「易経」は、まさに、この状況を表しているようにも感じられる。

一方で、それまでの800年間は「東洋の時代」であり、「唯心論」という「精神的な向上」を追い求める時代だった。数多くの神社仏閣が建立され、人々は精神的な安寧を追い求めたが、仏教を学ぶことが最先端の学問でもあった。

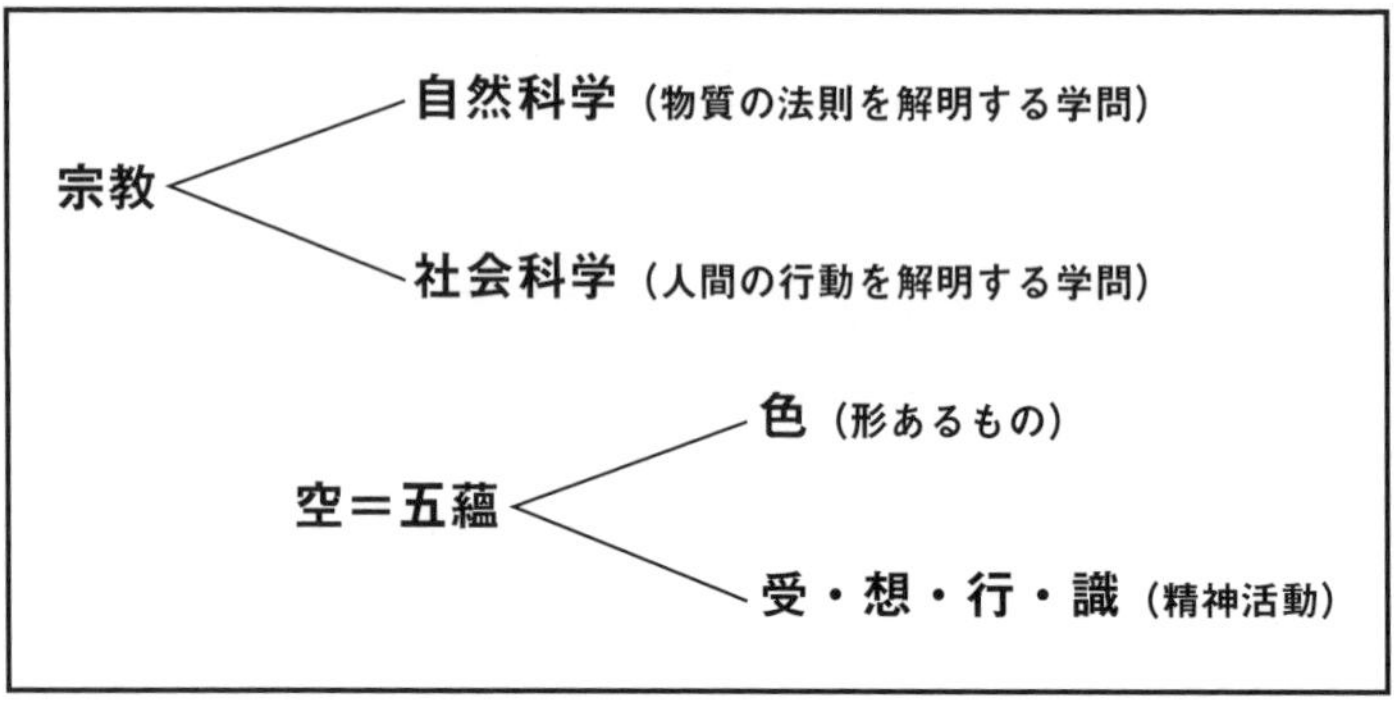

しかし西暦１２００年前後には、現在と反対に「精神面での形骸化」が発生し、西洋では「ルネッサンス」という古代文明の復活が追及され始めたのである。

過去８００年間で最も注目すべき点の一つは、自然科学の進化である。「ケプラーからニュートンへ」という言葉のとおりに、科学技術が進化したが、一方で、社会科学はほとんど進化せず、両者の差は開く一方だった。

これからは、「経済学」を始めとした社会科学が、「人工知能（ＡＩ）」などの発展により、急速な進化を遂げるものと思われる。般若心経で説かれているように、「五蘊皆空《ごうんかいくう》」が理解でき、全ての悩みや苦しみが消え去る状況である。

「色」が「自然科学」に相当し、「受・想・行・識」が「社会科学」に相当する。「色」という「現実」を受け止め、想いを巡らして行動した時に、はっきりとした認識が得られるのである。この点が理解できた時に、私自身から恐怖が消え去った。

■恐怖心の消滅

数年前に、「一寸先は光である」という話を伺ったが、当時は、そんな馬鹿なことはあるかというのが、偽らざる感想だった。また、無理やりにでも、そう考えなければいけないのではないかとも感じたが、現在では、まさに、この通りであると考え直し始めた。

なぜ、このような変化が起きたのかについては、「恐怖心の消滅」が指摘できる。怖いものが何もなくなったのである。

誰もが最も恐れる事態は「死」である。この事実については、誰も避けることができない運命にある。

私自身の意識や認識の変化は、「肉体」と「精神」とを分けて考えることにより発生した。「肉体は必ず滅びるが、精神は永遠に生き続ける」という理解により、「死は、決して恐れることではなく、反対に、来世に期待できるのではないか」と考え直したのである。

次に恐れることは、病気などで不幸な目に遭うことだった。この点についても、「人生の宝物は経験であり、現在の痛みや辛さ、あるいは、悩みや苦しみは、将来、または、来世の財産になる」と理解できるようになった。

「見方」や「考え方」が変わると、人生観や行動が変化するが、この点を、人類の歴史に当てはめると、実に興味深い事実が浮かび上がってくる。世の中には、「市場経済」と「共同体」の二つしか存在しないが、この違いは、「お金が全てである」と考える人と「無償の愛が、人生で最も大切である」と理解する人により発生する。

西暦1200年から西暦2000年までは、「お金」を大切にする人が徐々に増えていった時代だが、その結果として起きたことが、実体経済の成長とマネーの大膨張だった。社会の分断化や人間関係の希薄化などにより、心の闇が深くなっていった時期でもあった。

これから想定される社会は共同体の復活であり、「時は命である」と考える人が増える時代である。貧乏や死に対する恐怖心が無くなり、反対に、喜びや楽しみが増える時代である。

現在のような「時は金なり」、そして「お金がなければ生きていけない」と考える人が主流の時代では、全くの絵空事とも理解されるようだが、これから想定される「お金が、神から紙になる時代」においては、この点に対する理解を持った人々が、世の中を主導するのである。また、このことは次の「一念三千」とも深く関係する。

■一念三千

天台宗の根本教理に「一念三千」がある。人々の想いは、三千世界に通ずるという考えだが、

「三千世界」、すなわち、「十界×十界×十如是×三世間＝三千」については、基本的に世界全体を表しているようだ。「円通」や「融通無碍《ゆうずうむげ》」という言葉のとおりに、特定の考え方や行動に囚われることがない様子を表しており、前述の「心の座標軸」と同じ意味を持っているものと思われる。

人々の心は「志」、または「心指し」という言葉のとおりに、ある一定の方向性に向かっている。心の指す方向性により、その時代の社会が形成されるが、どうしても時代の流れにより、特定の価値観が築かれる。２０１８年は、徐々に「見えないもの」、そして「他人」の方に向かい始めている。

西暦１８００年から２０００年は資本主義の時代だった。この時の「心指し」は、「目に見えるもの」と「自分」の方に向かっていた。その結果として、「マネーの大膨張」が発生したが、最後には、「お金」が神様になってしまった。お金のためなら人を殺す人までもが、数多く出現したのである。

人々の欲望がパンドラの箱から出てきたことにより、技術革新とともに、数多くの事件や戦争が発生した。今後は、社会科学という人間の行動を研究する学問が、「ＡＩ（人工知能）」とともに発展するものと思われる。人類の歴史を俯瞰しながら、何物にも囚われない、融通無碍、あるいは、一念三千の社会が形作られるのである。

また、私自身は、1987年10月に発生した「ブラックマンデー」に、大きな衝撃を受けた。「大恐慌が再来するのではないか」、「資本主義が崩壊するのではないか」、あるいは「世の中は、いったい、どのような仕組みなのだろうか」などの疑問が浮かび上がり、過去の歴史を徹底的に研究した。そして世界の歴史を遡り、西ローマ帝国時代にまで行きついた時に、全てが明らかになり、その後は時代の流れに沿いながら、この考えを検証した。

「円の全体」が理解できたように感じたが、このことが結局は「一念三千」が教えることだった。すべては大きな力により動かされており、人知の限界を感じた時でもあった。「神に凭《もた》れる」という言葉が、理解できたようにも感じられたが、このことは「絶対的他力本願」が意味することでもあった。

▪絶対的他力本願

親鸞は「絶対的他力本願」を主張する。私自身としては、今まで、このことに対して否定的な考えを持っていた。自分の努力が重要であり、他人の力に頼ることを嫌っていたからだが、還暦を過ぎた頃から、徐々にこの認識に変化が起きてきた。「人知の限界」や「天地自然の理」の奥深さに気づかされたからだが、結局のところ、絶対的他力は「天の計らい」や「神の恩寵」と同義語でもあるようだ。

全ての人に、最高の環境が与えられているのだが、私自身の間違いは、このことに対する理解が不正確だった点である。「最高の環境」とは、「その人の人間性、あるいは、精神的なレベルを上げるための環境」であり、決して、「地位や名誉、あるいは、お金などでの成功」を意味していなかったのである。

現代人が追い求めるものは、ほとんどの場合、地の位における成功だが、天や神が求めるものは、天の位における成功である。与えられた環境の中で、精一杯の努力をする態度であり、知らないうちに、精神的なレベルが上昇することである。

前回の冬季オリンピックで金メダルを受賞した小平奈緒選手のように、「求道者」という真理や究極の方法などを求め続ける態度である。当然のことながら、数多くの失敗や苦難が伴うが、天の位を上げる努力に注力すると、地の位が気にならなくなる。このことが「唯心論」であり、東洋の時代における中心的な考え方になるが、「西洋の時代」の唯物論に捉われている現代人には、理解が難しいようだ。今後、何らかの劇的なショックが起こらない限り、意識の大転換が発生しない可能性もあるが、これから想定される世界的な大インフレは、まさにこの点に関する天の計らいとも言えるようだ。

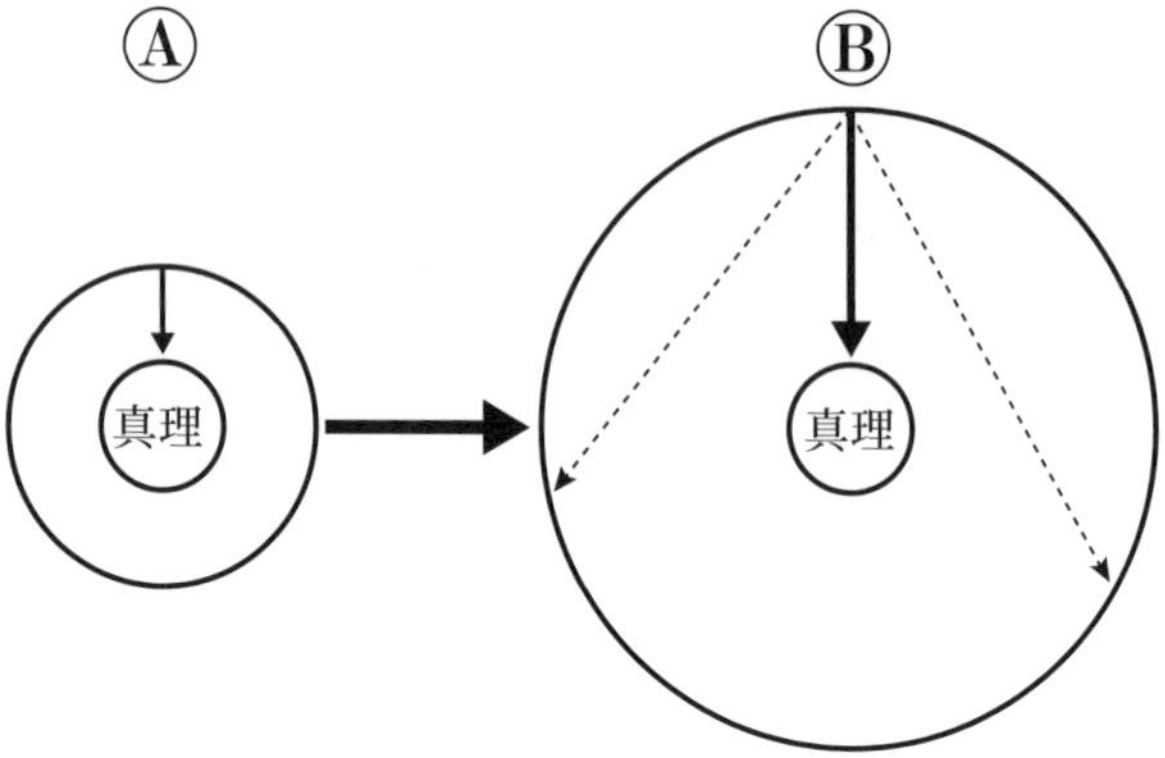

経済成長と心の闇
（出典：株式会社テンダネス）

▪時間と空間

私が求め続けてきたものは、「時空を超えた真理」だったが、この時に必要なものは「時間」と「空間」に対する正確な理解でもあった。仮に、Ⓐの時を「1900年」、そして、Ⓑの時を「現在」で考えると、この期間に、どのような変化が現れたのかを考えることにより、時空の謎に迫ることができる。

つまり、「空間」については、「同じ価値観を持った人々が、どのような社会を、どれほどの規模で形成するのか」が重要なポイントである。20世紀は、誰もが認めるように、経済が発展した時期だったが、この原動力が「マネーの大膨張」にあったことを正確に理解する人は数少ない。

西洋の時代は、目に見えるものを追い求め、グローバル化、すなわち、「お金」を価値基準と考える人が増えた時代だった。当然のことながら、社会全体の輪が広がり、一人ひとりは社会の部品となっていった。

この時に発生する変化は、他人との比較であり、真理の追究を忘れることだった。「忙」という文字が意味するように、忙しくなり心が失われる状況である。「アメリカンドリーム」はこのような状況下で生まれた発想であり、現在でも、多くの人が信じて疑わない価値観である。より良い生活を求め、一獲千金に奔走する態度である。このことは、時代の流れとして決して否定するつもりはないが、この結果として生み出されたのが、現在の「あまりにも異常な世界」とも言えるのである。

やはり、歴史をひも解きながら、徐々に、発展のメカニズムや人々の心理状態を解明することが求められている。「他人との比較」は、当然のことながら「格差」を生み出す。また、生活水準の向上は、同様に「富者」と「貧者」を明確にする。

社会主義や共産主義が追及したものは、格差の存在しない平等な社会だったが、結果として失敗に終わった。そして現在では、資本主義そのものが未曽有の危機に瀕している。「時は金なり」の時代が終焉の時を迎えているのである。

■吾唯足るを知る

京都の竜安寺に、「吾、唯、足るを知る」という有名な蹲《つくばい》があるが、この言葉にも、長年悩まされてきた。言葉は知っていても本当の意味が理解できなかったが、現時点での解釈としては、「日々是好日」や「喜神を含む」と同様の内容ではないかと考えている。前述のとおりに、「天や神は、常に全ての人に最高の環境を与えているのではないか」ということであり、病気や災難までもが含まれているものと思われるのである。

天や神は「人類の親」のようなものであり、「人類の精神的な成長を望み、いろいろな環境を与えるのではないか」という認識だが、今までは、この点がほとんど理解できなかった。「なぜ、病気や災難が降りかかるのか、あるいは、なぜ、何度も大震災などが発生するのか」を考え続けてきたが、現在ではようやく、全てのことに大きな意味が存在すると、心の底から理解できるようになった。

人智、すなわち人間の欲望や願望などからは、病気や災難、あるいは戦争などは、実に痛ましい出来事とも言える。しかし一方で、自分の人生や人類の歴史を振り返ると、「いろいろな出来事が起きたことにより、現在の生活や社会が存在するのではないか」と考え直し始めたのである。与えられた環境において、最善の努力をすることが、「吾、唯、足るを知る」が意味することのようにも感じているが、どうしても不満や不足が出るのが人間の性《さが》である。「なぜ、このような不幸な目に遭うのか、あるいは、なぜ、もっと楽な暮らしができないのか」などと考えがちになるが、基本的には、乗り越えられない試練を天や神は与えない。

また、輪廻転生を考えると、今世の経験は、来世に持ち越せることも理解できるのである。現在の問題や課題に、全力を尽くす、そしてできるだけ多くの人に、自分の仕事を通じて喜んでもらうことが、人生において最も大切なことであると考え直した。今までは、自分の人生の意味についても大きな誤解をしていたが、今後は残された命をどのように使うのか、また、どれだけ天の貯金という徳積みができるのかを考え、実践することが重要なものと感じている。

▪米国のフロンティア・スピリット

19世紀のアメリカでは、いわゆる「フロンティア・スピリット（開拓者精神）」が高揚し、結果として、困難に打ち勝ち、西部の土地を開拓した。そしてこの動きが、西端に達した1890年頃に、「フロンティアの消滅」という状況が発生し、「これ以上、開拓する土地が無くなった」と考えられた。

私自身も、以前は、この前後に、アメリカ人の開拓者精神が消滅したと考えていたが、実際には全く違った状況でもあった。「フロンティア（辺境）」は消滅したものの、「フロンティア精神」は継続しており、単に目的や形を変えただけだったのである。1890年頃までは土地の開拓が主な目的だったが、その後、開拓した土地の発展へ目的が変化した。

つまり「実体経済の成長」であり、二つの世界大戦を経て、米国が世界の覇権国家になったが、アメリカ人の開拓者精神は、時間の経過とともに形を変えている。そして興味深い点は、20世紀のアメリカが、「実体経済」のみならず、「マネー経済」においてもフロンティア精神を発揮したことである。

「土地の開拓」が限界点に達した時に、「実体経済」において世界進出を果たし、その後、実体経済が低迷状態に陥った時に、「マネー経済」で世界の市場を席巻したのである。ただし現在は、「100年に一度の金融大混乱」といわれた2008年のリーマンショック以降、世界的なマネーの大膨張がストップし、本当の意味での「フロンティアの消滅」が発生した状態のようにも感じられる。

西洋的な価値観である「唯物論」が、完全に行き詰まりを見せた状態だが、注目すべき点は、やはり「文明法則史学」であり、実際には西暦2000年前後に、西洋の時代から東洋の時代へ移行しているのである。「西暦2000年を中心にして、数十年間の混乱期が存在する」とも言われているが、今までの推移をみると、まさにこの理論のとおりの展開である。今後は、「1600年前の西ローマ時代」と同様に、「財政赤字」と「インフレ」により、「唯物論」から「唯心論」への辺境開拓が行われる段階に入ったのである。

■世界を動かす原動力

人類の歴史を研究すると、さまざまな興味深い事実に遭遇するが、基本的には、世の中は絶えざる進化と創造の過程にあり、今後も、たいへん素晴らしい時代が到来するものと考えている。技術を中心にした自然科学が、ますます発展するとともに、人間の行動を解明する学問である社会科学が、飛躍的な発展期に入るからである。

３００年ほど前の「ニュートン力学」のような画期的な発見が、経済学などの社会科学で達成されるものと想定される。また、世界全体がインターネットで結び付き、無駄のない効率的な社会が形成される可能性に期待している。

この時に必要な条件の一つが、世界を動かす原動力を考えることである。「世の中は、どのような法則で動いているのか」、また「この時に、何が原動力となるのか」を理解することだが、現時点では、「人々の興味と関心」、あるいは「フロンティア・スピリット（開拓者精神）」ではないかと感じている。

前述のとおりに、「心の座標軸」と「村山節氏の文明法則史学」を結びつけると、「今後、どのような時代が訪れるのか」、そして「この原動力が、いったい何なのか」が理解できた。「唯物論」を価値基準の中心にした西洋文明から、「唯心論」を中心にした東洋文明への移行である。

今回、「アメリカ人のフロンティア・スピリット（開拓者精神）」を考えていた時に、この点に関する「閃き」が得られた。「世界中の人々が常に開拓者精神を持ち、新たなフロンティアを開拓中ではないか」という理解である。つまり、「目に見えるもの」と「目に見えないもの」を区別すると、「お金」が目に見えるものを代表する商品であり、「神」が目に見えないものの象徴であるが、現在の世界的な混迷は、「1890年前後に、アメリカでフロンティアが消滅した」という認識を、世界中の人々が抱いていることが原因である。

「節から芽が出る」という言葉のとおりに、現在は、「一つの時代が終わることにより、新たな時代が始まる段階」、換言すると「人々が、精神面での進化過程に入っている段階」である。

■一日生涯、永遠の生命

先日、インド独立の父と呼ばれる「マハトマ・ガンジー」の言葉に、大きな感銘を受けた。「明日死ぬかのように生きなさい。永遠に生きるかのように学びなさい」というものだった。

「肉体」と「魂（精神）」に対して、我々がどのように考え、対処すべきかを、きわめて適切に説明されており、今まで私が漠然と理解していた「一日生涯、永遠の生命」について、より易しく説明されていたのである。また、「肉体は必ず滅びるものの、精神や魂は輪廻転生を繰り返して、永遠に生き続け、成長し続ける」という「真理」を表しているようにも感じられた。

現在は、目に見えない、単なる数字に変化した「現代の通貨」に惑わされ、本来の使命、あるいは人生の目的である「精神的な成長」が、ほとんど無視されているが、「肉体は必ず滅ぶが、精神は永遠に生き続ける」という真理が理解できると、人々の意識や行動が大きく変化するものと想定される。

「一所懸命」という言葉のとおりに、「日々の仕事に、全身全霊を打ち込む態度」、また、「自分に与えられた仕事は、お金を稼ぐためのものだけではなく、本来は自分の精神を成長させるためのものである」という認識への変化である。また、他の人に喜んでもらえる仕事をすれば、さらに仕事が増えるという「世間の常識」を理解することでもあるが、歴史を振り返ると、明治以降の日本人、あるいは戦前の日本人には、当たり前の考え方でもあった。

問題は、現在の教育である。「学校の成績さえ良ければ人生は安泰である」という誤った認識、あるいは知識偏重主義のことだが、実際のところ、本当に人生に役立つことは、経験から生み出された「智慧」とも考えられるのである。

また、２０１７年の「ノーベル物理学賞」には、「重力波の観測」が選考されたが、私自身としては、この事実にも大いなる天の計らいが存在するものと感じさせられた。１９１６年にアインシュタインが考え出した理論が、約１００年後に実証され、ノーベル物理学賞を受賞したからだ。人類の進化には、長い時間が必要であり、自然科学で解明された事実は、その後、必ず社会科学でも解明されるとも感じたが、同時にこの理論は、「社会科学」や「相場の歪み」

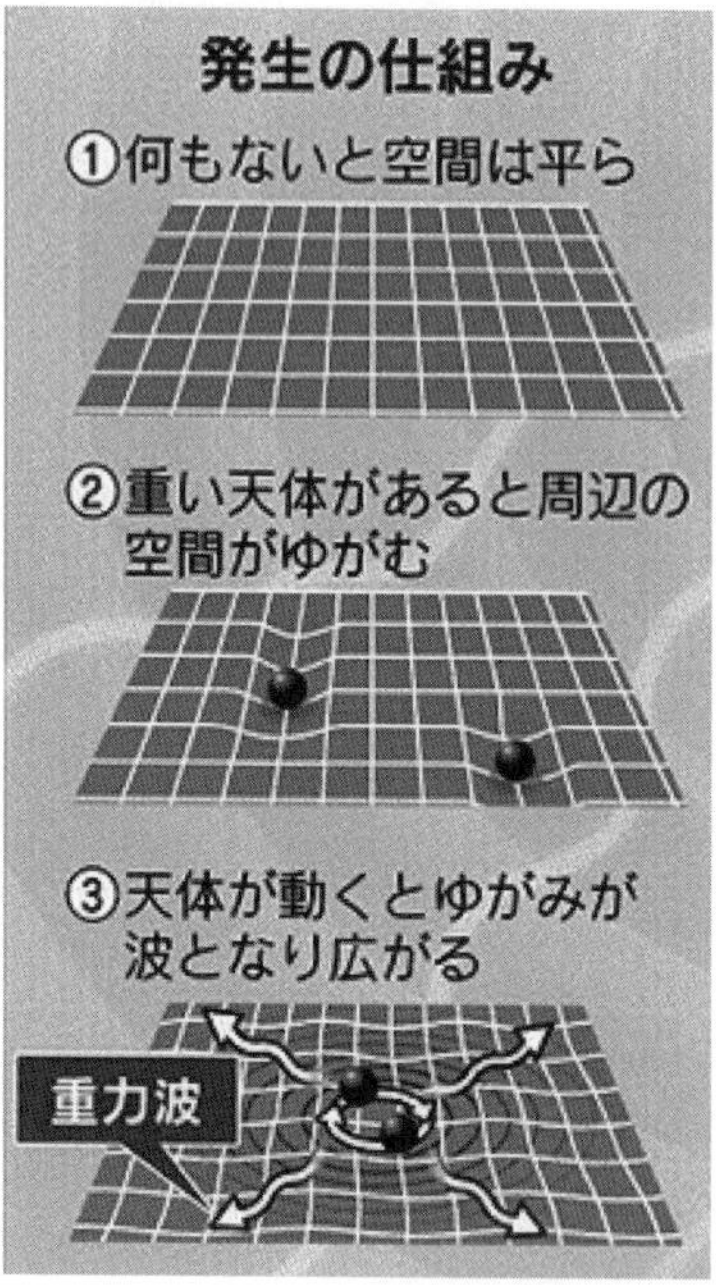
発生の仕組み
①何もないと空間は平ら
②重い天体があると周辺の空間がゆがむ
③天体が動くとゆがみが波となり広がる
重力波

重力波による時空の歪み
（出典：日経新聞）

などにも応用できるようにも思われた。

過去300年間、自然科学は「天地自然の理」、あるいは「天や神の意志」を追求し、人類の進化に大きな役割を果たしてきたが、今後は、自然科学で解明された事実が、社会科学に応用される時代が到来するものと思われる。つまり社会科学は、人間の意志や行動を解明する学問であるが、現在はきわめて未熟な段階に位置しているのである。現時点で必要なことは、前述の「アウフヘーベン（止揚）」だが、今までもいろいろな対立構造が社会全体の進歩に貢献してきた。かつての「東西の冷戦構造」についても人知では理解できない、大いなる天の計らいが存在したようだが、重要な点は、現実社会を見ながら「偉大なる知恵」を考えることである。

■宿業と原罪

五次元の経済学を考える上で、どうしても避けて通れないのが東洋の「宿業」であり、また、西洋の「原罪」という考え方だった。前世での行為が現世に引き継がれたものが「宿業」であり、そして、アダムとイブが犯した罪が「原罪」とのことだが、これだけでは全く理解不能な状況である。

長年、この問題を考え続けてきたが、現在では、ぼんやりとした「解答」が見つかり始めた。人間は「肉体」と「魂」との融合体であり、「動物的な欲望」と「天や神の意志」という、二つの矛盾したものが結び合っている。人間は動物であり、「生きるためには、他の植物や動物を犠牲にしなければならない」という、当たり前の事実が存在するが、天や神の意志は、「全ての生き物は大切な存在である」と判断しているのである。

この矛盾を解決するのが「調和」であり、地球全体のバランスが崩れないように、種の保存のために必要な分だけ、他の生命を犠牲にする考え方だが、なぜ、このような矛盾が根本的に存在するのかを考えると、結局のところは、人生の目的が、魂の成長にあるからとも思われるのである。

「仏教」が教える「成仏」という言葉のとおりに、「全ての人が、努力により、仏陀のような存在になれる」ということである。そして、このような水準に達するまでには、「何度も生まれ変わりながら、さまざまな経験をすることが必要だ」とも考えられているが、この時に理解できることは、人生で最も大切なものは、実際の体験であるということである。

古来、人々は、「お金は、あの世に持っていけない」という事実を理解していた。また、「現世で、どれだけ多くの人に尽くしたのか」、あるいは、「人生で、どれだけ本来の使命を果たすことができたのか」が重要視された。自分の人生は、生まれる前に9割程度、設計されているという考え方が「宿命」と呼ばれているが、現代人はこれらのことを考えず、単にお金儲けだけを考えている。このことが、私が考える「お金が神様になった時代」である。

■輪廻転生

前述のとおりに、19世紀末の西洋では科学と宗教の最終対決が起き、科学の完全勝利に終わった。その後、科学万能の時代となり、人々の意識と行動が変化したが、実際には、「目に見えるもの」だけに関心が行き、「目に見えないもの」に対しては「非科学的」というレッテルが張られるようになったのである。「科学的に証明できないものは、真理ではない」という考えが主流となり、人々が伝統的に信じていたものの多くが、忘れ去られてしまったが、その一つに、「輪廻転生《りんねてんしょう》」という考え方がある。

人間の生まれ変わりであり、また、魂の記憶だけが、来世に持って行けるというものである。

「あの世に、お金や地位は持っていけない」という、古来、日本人が理解していた考え方でもあるが、現在では、この点がほとんど忘れ去られてしまった。

「現在の自分」が、最も大切なものであり、また、「自分の利益の為なら、どのような事でもする」という態度である。しかも現在では、このことが世界的な傾向となっており、その結果として、前述の「世界的なマネーの大膨張」を生み出したのである。約8京円もの「デリバティブ（金融派生商品）」や「世界的な量的緩和」と言われる金融政策だが、このことは、「政府の信用」を基にして、大量の「フィアットマネー」が生み出された状況でもある。実際のところは、「絵に描いた餅」や「裸の王様」のようなものであり、人々の信用が失われると、一挙に存在価値を失ってしまうのである。

現代人が最も大切にしている「現代のお金」に関して、間もなく、歴史的な大事件が起き、人々の意識と行動が大変化するものと考えているが、このことは「戦後」、あるいは「明治維新」の日本人が経験したような価値観の大転換のことである。そして、このような状況になって初めて、現代人は人生の意味を考え直し、また、歴史的な考察を始めるものと思われる。「輪廻転生」などを、改めて考え直すものと思われるが、前述のとおりに、東洋学の基本としては、「生まれる前に、人生の9割が設計されている」という考えが存在するのも事実である。

「あの世にいた時に、自分の使命を決めて、この世に生まれる」という考え方のことであり、この点が理解されると、多くの人々の人生観が変化し、また、多くの悩みや苦しみが減少するものと思われる。

■求めよ、さらば与えられん

聖書に、「求めよ、さらば与えられん」という有名な言葉がある。たいへん深い意味が隠されているようだが、私の理解は、「時代とともに、人々が求めるものが変化するが、個人の欲望は、往々にして、与えられない場合が多い」ということである。「宝くじを買って、お金持ちになりたい」というような欲望は、実現する可能性が、ほとんど皆無であり、反対に、当たった人は、ほとんどの場合に、その後、不幸になるとも言われているからだ。

しかし、今までの数多くの発見や発明などのように、「新たな商品や技術開発により、世界中の人々が、楽に暮らせるようになる」と考えた場合、求めたものが与えられるケースも数多く存在する。あるいは、芸術やスポーツなどの分野においても、「自分の技術を高め、より進化した境地に進みたい」と考えた場合には、やはり、結果が与えられるものと考えている。

「人々は、何を求めて、自分の時間を使い、努力するのか」を考えることが、「天地自然の理」を理解する方法の一つであり、「これから、どのような時代が訪れるのか」を考える上でも、たいへん有効である。現代人が求めてきたものは、間違いなく「お金」であり、今回の「マイナス金利」、すなわち、「お金を借りた人が金利を貰う」という本末転倒した状況も、結局は世界中の人々が求めてきた結果の出来事である。

今後は、ハイパーインフレにより、きわめて短期間の内に、お金の価値が激減するものと思われるが、問題は、「このような状況下で、今後、人々が、何を求め始めるのか」ということである。多くの人が、「なぜ、このような事が起こるのか」を悩み始め、その結果として、「真理の追究」が盛んになることが、過去の歴史の教えることである。

文明法則史学が教えるとおりに、「唯物論の時代」がピークを付けた後に、「唯心論の時代」が始まる可能性である。西暦４００年から１２００年までの日本の歴史を振り返ると、多くの人が、真剣に仏教を学び、最先端の学問は「お釈迦様の教え」を学ぶことだった。同様の歴史が繰り返されるのかに注目しながら、「世界は、常に進歩する」という観点から、「唯物論と唯心論が融合した世界」が訪れる可能性に期待している。

第六章　オバマ広島演説と五次元経済学

(1) オバマ大統領の広島演説

２０１６年5月28日、オバマ大統領の広島訪問と演説が行われた。演説内容に、私自身も、たいへん感動し、大きな驚きを覚えたが、その理由としては、オバマ大統領の演説内容が、出来上がったばかりの「五次元経済学の基礎理論」と、たいへん酷似していたからだ。また、唯物論と唯心論の違い、あるいは、市場経済と共同体が、どのようなメカニズムで発展するのかを理解することが、最も重要な点であるとも思われた。

また、この基礎理論を、同じ日に、我々の研究会である「ポスト資本主義研究会」で発表したが、今までとは違い、まったく反対する意見が出なかった。あるいは、「この理論で、人類の歴史は、ほとんど説明できるのではないか」というような、積極的な賛同意見までもが出た。

私自身は、更に自信を深めるとともに、より詳しい応用分析の必要性を感じさせられた。そのために、この章では、オバマ大統領の演説について、部分的に抜粋しながら説明させていただく。オバマ大統領が、いったい何を主張したかったのかを重視しながら、私の基礎理論と照らし合わせて考えてみたい。


広島だけが特別なのではありません。暴力的な争いは古くから行われています。石や槍などが扱われました。これはただ狩りをするためだけではなく、人間同士の争いにもこのような武器が使われてきました。

どの大陸においても、どの歴史においても、あらゆる文明は争いの歴史に満ちています。富をもとめ、また民族や宗教的な理由からもこうした争いが起こってきました。帝国が台頭し、また衰退しました。

（オバマ大統領）


この演説では、興味深いことに、「あらゆる文明」という言葉が使われ、「富を求めた争い」と「民族、宗教的な争い」が指摘されていた。西洋人には、基本的にギボンの「ローマ帝国衰亡史」やシュペングラーの「西洋の没落」、あるいはトインビーの「歴史の研究」などが、思想の根底に存在するが、この理解が、現在の日本人に不足している。

帝国の台頭と衰退については、文明法則史学が全てを表している。「８００年ごとに、東洋と西洋の文明が交代する」という、村山節氏が60年ほど前に発見した事実である。過去数千年という期間に、実に多くの文明が勃興と衰亡を、規則的に繰り返してきたのである。

この理由としては、前述の唯心論と唯物論の違い、あるいは、人々の意識と行動の変化が挙げられるが、最も重要なことは、何が、世の中を動かす原動力なのかである。そして現在では、「心の座標軸」のとおりに、「それぞれの時代で、どのような文明や社会が形作られるのか」について理解ができた。最も重要な点は人々の意識と行動の変化、すなわち、志（心指し）の変化だった。

繰り返すが、その時々の文明や社会は、全体意識と行動の結晶である。

「求めよ、さらば与えられん」という言葉のとおりに、人々の意識や行動が、社会全体を形作るのである。１００年ほど前の人類が求めた「食べ物に不足しない社会」はすでに実現され、現在では「飽食の時代」となっている。西暦４００年前後の西ローマ帝国と同様に、「パンとサーカス」の社会も実現されたが、その後、ローマ人が求めたものは、「唯心論」という心の安定を考える学問に変化した。

物質文明に飽きた結果として、新たな価値観、あるいは新たな尊敬の対象を求め始めたのだが、その結果として生まれた文明が、いわゆる「ビザンティン帝国」という、神とともに生きる社会でもあった。その後、西暦610年頃に「イスラム教」が誕生し、「キリスト教対イスラム教」などの宗教的対立や紛争が頻発した。宗教や思想の違いが生み出す宗教戦争のことであり、現在でも、この状況は継続している。

また、近年では、富への欲求が「帝国主義」という、他国への侵略戦争を生み出した。重要な点は、次の文章のとおりに、「人類が、自然とは違う」ということを示す能力である「科学技術」が、ミサイルや原爆などの大きな破壊の力を生み出した事実である。

世界中にはこの争いを物語るところが沢山あります。慰霊碑が、英雄的な行いなども含めて、様々なことを示しています。空っぽな収容所などが、そういうことを物語っています。

しかし、空に上がったキノコ雲の中で、私たちは人類の非常に大きな矛盾を強く突きつけられます。私たちの考えや想像、言語、道具など、私たちが自然とは違うということを示す能力、そのものが大きな破壊の力を生み出しました。

（オバマ大統領）

西暦1200年から西暦2000年の「西洋の時代」では、「自然は征服可能である」という考えを基本にした「唯物論」、あるいは、「市場経済」という「金銭による結び付き」が、人々の意識や行動において主導的な役割を果たした。西暦1600年頃に誕生した「時は金なり」という思想がこの動きに拍車をかけ、西暦1800年頃から「資本主義」が始まったのである。

この時に特筆すべき戦いは、前述のとおりに「科学と宗教との闘争」であり、結果として西暦1900年前後に、科学が宗教に対して全面的に勝利したのだった。この前後から「科学は万能であり、宗教はアヘンである」という考えが、西洋人の間で広く信じ込まれるようになった。換言すると、この思想が広まった結果として、20世紀の物質文明が大きく開花したのである。

20世紀は、「経済成長の時代」であり、「戦争の時代」でもあった。広島の原爆は、このような時代背景のもとに投下されたが、この点について、オバマ大統領は次のようにコメントしている。

いかにして物質的な進歩が、こういったことから目をくらませるのでしょうか。どれだけたやすく私たちの暴力を、より高邁な理由のために正当化してきたでしょうか。私たちの偉大な宗教は、愛や慈しみを説いていますが、それが決して人と争う理由になってはいけません。国が台頭し、色々な犠牲が生まれます。様々な偉業が行われましたが、そういったことが人類を抑圧する理由に使われてきました。科学によって私たちは海を超えてコミュニケーションをします。また空を飛び、病気を治し、科学によって宇宙を理解しようとします。そのような科学が、効率的な争いの道具となってしまうこともあります。

しかし現代の社会は、私たちに真理を教えています。広島は、私たちにこの真理を伝えています。科学の進化に見合うだけ人間社会に進歩がなければ破滅が訪れます。原子核の分裂を可能にした科学の進化と同様、道徳の進化も求められているのです。（オバマ大統領）

注目すべき点は、「道徳」と「科学技術」に関する進化時期の違いである。前述のとおりに、「自然科学」は、「ケプラーからニュートンへ」という言葉のとおりに、西暦１７００年頃から、飛躍的な進化が始まった。しかし、一方で、社会科学は、18世紀に経済学が誕生したものの、実際の効果としては、道徳心を弱める方向に向かっていったのである。

「経済学の始祖」と言われるアダム・スミスが、本来、神学者だったことはすでに述べたが、彼が説いた「各個人が、自分の利益を追求することにより、社会全体の利益となる望ましい状況が、『神の見えざる手』によって達成される」ということは、「人間の欲望を全面的に開放することにより、社会全体が良くなる」ということでもあった。

しかし実際には、科学と宗教との闘争により、神の見えざる手が働かなくなったのである。

「なぜ、このような状態になったのだろうか」

このことが、私が最も悩まされた点の一つでもあったが、結局は、マルクスやケインズが追及していた「貨幣論」を、芹沢光治良先生以降、誰も真剣に考えなかったという点が指摘できる。芹沢先生は若い頃に、実証主義的貨幣論の研究を断念させられたが、その後「お金とは、一体、何なのか」を考える人がほぼ皆無の状況となり、その結果として、「マネーの大膨張」が発生したのである。

しかも最後の段階では、「お金で、人々の心まで買える」というような、道徳心のかけらもない極端な意見までもが出たが、この点については、人類の道徳的な進化が、「約２５００年前のブッダ」、あるいは「約２０００年前のイエス・キリスト」の出現以降、完全に停止した可能性も指摘できるようである。

ブッダが説かれた「法華経」や「華厳経」、あるいは、キリストの教えである「新約聖書」などを読むと、「人類は、過去２５００年間、道徳的な進化をしなかったのではないか」とも思われる。今まで、技術的な進化は顕著だったものの、「これから必要なことは道徳的な進化である」ということが、オバマ大統領が主張したかった点のようにも感じられる。

私たちは、罪のない人々が、むごい争いによって亡くなったことを記憶します。これまでの争い、そしてこれからの争いの犠牲者に思いを馳せます。言葉だけで、そのような苦しみに声を与えるものではありません。

しかし私たちには共有の責任があります。私たちは、歴史を真っ向から見据えなければなりません。そして、尋ねるのです。我々は、一体これから何を変えなければならないのか。そのような苦しみを繰り返さないためにはどうしたらいいのかを自問しなくてはなりません。

（オバマ大統領）

オバマ大統領が主張したように、「現在、我々はどのような問題に直面しているのか」を、謙虚に、また、冷静に見つめることが重要である。大切なことは、真の歴史観を持ちながら、本当の経世済民（世をたすけ、民をすくう）を考えることである。

過去数千年間の人類の歴史を研究し、社会科学や道徳心を向上させることが、現在、最も必要とされていることであり、このことが、私が追及し続けてきた「五次元の経済学」である。

私たちは、人類が悪事をおこなう能力を廃絶することはできないかもしれません。私たちは、自分自身を守るための道具を持たなければならないからです。しかし我が国を含む保有国は、他国から攻撃を受けるから持たなければいけないという「恐怖の論理」から逃れる勇気を持つべきです。私が生きている間にこの目的は達成できないかもしれません。しかし、その可能性を追い求めていきたいと思います。

（オバマ大統領）

「五次元の経済理論」を、多くの人が追及し始めた時に恐怖の論理が消滅する。「時は金なり」の思想から、「時は命なり」という思想へ、大きな転換を遂げるからだ。人生で最も大切なものは「お金」ではなく、「人の命」であるという考え方である。お金が紙切れになった時に、この考えが急速に浸透するものと思われる。次のとおりに、「人類が、一つの家族である」という思想が、世界的に広がっていくからだ。

アメリカという国の物語は、簡単な言葉で始まります。「すべての人類は平等で、神によって生命や自由に加え、幸福を追求する譲歩不可能な権利を与えられている」というものです。それを現実のものとするのは、決してアメリカ国内であっても、アメリカ人であっても決して簡単ではありません。しかし、この物語を実現することは努力に値することであり、世界中に広められるべき理想の物語です。

我々全員は、全ての人間が持つ、「豊かな価値」や「あらゆる生命が貴重である」という主張、「我々が、人類という一つの家族の一員だ」という、極端だが必要な観念を語っていかなければいけないのです。

（オバマ大統領）

今回の「オバマ大統領の演説」には、実に深いメッセージが込められていた。「今後、人類はどのような選択をするのか」ということである。過去は変えられないが、未来は現在の選択によって決まり、現在、我々は多くの選択をしているのである。次の文章が、たいへん印象深い結論を述べている。

亡くなった方々は、私たちとの全く変わらない人たちでした。普通の人なら、そのことが理解できるでしょう。彼らは、これ以上、戦争が起こることを望んでいません。彼らは、科学を、生命を奪うためではなく、生活を、より良くするために使うべきだと考えています。

国家や国家のリーダーが、こうした単純な知恵を使って選択をするならば、広島の教訓が生かされたことになるでしょう。

世界はこの広島によって一変しました。しかし今日、広島の子供達は平和な日々を生きています。なんと貴重なことでしょうか。この生活は、守る価値があります。それを全ての子供達に広げていく必要があります。

この未来こそ、私たちが選択する未来です。この未来こそ、最悪の未来の夜明けではないということを、そして私たちの道義的な目覚めであることを、広島と長崎が教えてくれたのです。

（オバマ大統領）

我々が選択する未来は、「道義的な目覚め」であり、「共同体的な社会の到来」である。史的唯物論が予想したことは、「資本主義が終われば、社会主義や共産主義の時代が訪れる」ということだった。

この点について、「コミュニズム」という言葉は「共産主義」と間違って翻訳されたと、降旗先生が力説されていたことが思い出される。「コミュニズム」は、本来、「共同体（コミュニティー）主義」と訳されるべきであり、決して「財産の私有を認めない社会」ではなかったのである。

しかし、1917年の「ロシア革命」の時、「史的唯物論」が悪用された結果として、20世紀において、「資本主義が終わった時に、共産主義の時代が訪れる」という思想を、全世界の人が信じ込んだのである。この点については、1975年に終了したベトナム戦争においても顕著に表れていた。当時も、「共産主義のドミノ現象」という言葉が使われ、共産主義時代の到来が、強く信じ込まれていたのである。

（2）オバマからトランプ

オバマ大統領の演説は、いろいろな点でたいへん感動的な内容だったが、最初の注目点は、「人類の矛盾」に言及していたことだった。「科学技術」と「社会科学や道徳心」との進化速度の違いを意味しているようにも感じられたが、過去数百年間の動きをみると、前述のとおりに、ニュートンの万有引力の法則以降、科学技術が急激な発展を遂げたことが理解できるのである。

しかし一方で、経済学などの社会科学については、20世紀の半ば以降、ほとんど停滞の状態となった。特に貨幣論については、全く議論さえも行われていない状況である。その結果としてマネーの大膨張が起き、最後の段階では、お金で人の心まで買えるというような意見までもが出たことは、今までに説明したとおりである。

また、この理由としては、アダム・スミスが主張した、「各人が自分の利益を追求すると、神の見えざる手により、社会全体も良くなる」という誤った考え方に、根本的な原因が存在するが、技術面の進歩には精神面や道徳面の進歩が不可欠である。

そして、歴史に対して真剣に向かい、同じ悲劇を繰り返さないという点こそが、オバマ大統領が主張したかったことである。しかし実際には、多くの人が自己中心的な考えのもとに物欲に邁進し、「お金がなければ生きていけない」、あるいは、「核を持たなければ、他国から攻撃される」というような恐怖の論理が、現代社会を支配しているのである。

オバマ大統領が望むことは、共同体的、あるいは唯心論的な考え方とも言える、「世界は一つであり、われわれは人類という家族の一員である」という理念である。

やはり現在は、急速に、西洋の時代から東洋の時代に移行しているものと思われる。文明法則史学が教えることは、西暦2000年前後に、歴史的な大転換が発生するという点だったが、今回の演説はその事実を裏付ける証拠のようにも思われた。

今後は、「心のルネッサンス」という「心の安定」を求める人が増え始めるもの思われる。この時に必要とされることは、「市場経済」という「お金を中心にした意識や行動」、そして「共同体」という「無償の愛を基準にした行動規範」の違いを正確に理解することである。

しかしその後、オバマ大統領からトランプ大統領に交代した。

▪国民の不満

2016年の米国大統領選挙については、同年6月23日の「BREXIT（イギリスのEU離脱）」に続いた「国民の不満」の表れとも思われる。「デリバティブの残高」が、大きな影響を与えた可能性でもあるが、実際のところ、現在、世界最大の「デリバティブ保有国」が「イギリス」であり、次が「アメリカ」となっており、この点が、「国民の不満」を大きく増幅させた要因だったようにも思われるのである。

「お金の性質」から判断できることは、「増えたお金は、そのお金を創った主体に帰属する」という事実である。2000年当時、約8000兆円の規模だったデリバティブ（金融派生商品）は、その後、2007年から2008年にかけて、約8京円にまで大膨張した。そして増えた資金は、ほとんどが「一部のメガバンク」と「政府」に帰属したが、その結果として発生した事態が「国民の窮乏」だった。

「世界全体の資金総額」は増えたものの、「個人の給料や保有資産」はほとんど変化しなかったために、相対的な資産価値の急減に見舞われたのである。「価値が激減した通貨」を稼ぐために、「死に物狂いで働かざるを得ない状況」に追いつめられたのだが、この結果として発生した事態が、現在の「過労死」や「過労自殺」だった。「信用創造」という「何もない空中から、お金を創り出す状況」こそが、現在の「貧富格差」を生み出した根源である。

この時に考えなければいけないことは、「国家」と「国民」との関係性である。「目に見える税金」のみならず、「目に見えない税金」までもが課されているために、「国民の生活」が、きわめて厳しくなっている状況のことである。「異次元の金融緩和」や「量的緩和」が意味することは、「中央銀行が国民の預金を使い、国債を異常な価格にまで買い上げる」ということだった。

典型的な「リフレーション（通貨膨張）政策」という「目に見えないインフレ税」が課されていたが、残念ながらほとんどのマスコミは、この点を無視した「大本営的な発表」に終始したために、現在では、「国民」が「堪忍袋の緒を切らし始めた状況」となっているようにも思われる。

■歴史に残る迷演説

２０１８年1月20日の米国大統領就任式において、トランプ大統領は、歴史に残る迷演説を行った。内容を吟味すると、実に多くの問題が存在し、今後、世界に悪影響を与えるものと思われる。「アメリカの殺戮」という言葉を使い、「アメリカの国民は、今まで貧困や失業、あるいは劣悪な教育制度などに悩まされてきた」、その理由として「米国政府の政策に誤りがあった」とも指摘しているのである。

「首都ワシントンに集中した権力」や「他国を富ませるために犠牲になった米国産業」、あるいは、「他国を守るために使われた軍事費」などを具体例として挙げている。そして今後は、「米国民に権力を取り戻す」、また、「米国第一主義を実現する」とも述べているが、あまりにも時代錯誤的な考え方である。

過去の歴史や経済理論を無視した、きわめて稚拙な政策とも思われるが、問題は「今後、トランプ大統領の思惑通りに、世の中が進展するのか」ということである。「国民の不満を煽ることにより、大統領に当選した状況が、今後、どのような展開を見せるのか」ということでもあるが、実際には両刃の剣とも感じられる。

「米国第一主義」がもたらすものは、米国の信用喪失であり、この時に発生する事態は、急激な「金利上昇」である。結果として、米国のデリバティブに対して、壊滅的な打撃を与えるものと推測される。「盥《たらい》の水」という諺のとおりに、盥の中の水を自分のところに引き寄せようとすると、水は反対の方向に向かうのである。結局のところ、トランプ大統領の役割は、すでに行き詰まりを見せた資本主義や金融至上主義に対して、最後の打撃を与えることのようにも感じられる。

今後は、大混乱期を経て、新たな時代が始まるものと考えているが、この点を考慮しても、歴代大統領から見ると、実に、異色な人物が登場したようだ。易経にある「窮まれば変じ、変ずれば通ず」という言葉のとおりに、世の中が極端な状態に陥り、本当の変化が始まったようだ。問題は、今後どのような大混乱が引き起こされるのかということである。

■虎の尾を踏んだトランプ

2018年3月22日に、トランプ米大統領は、「中国が米国の知的財産権を侵害している」

という理由のもとに、最大６００億ドル（約６・３兆円）規模の中国製品に関税を課すことを目指す大統領覚書に署名したが、この点について大きな注意が必要である。

具体的には、「実体経済」と「マネー経済」を区別する必要性のことだが、今回の関税については、現在、「実体経済」に対する悪影響だけが議論され、より重要なポイントである「マネー経済が、今後、どのような展開を見せるのか」が抜け落ちているのである。

１９８０年代以降、アメリカの実体経済は、すでに、国際的な競争力が失われ始めており、その結果として、保護貿易主義的な傾向が強まっていた。そのために、「マネー経済」、特に「デリバティブ」などの金融商品を世界的に普及させることにより、「米国の競争力」が保たれてきたのである。

今回の大統領署名は、今までの努力を台無しにするとともに、マネー経済においても、米国の競争力を失わせる可能性が存在する。「実体経済」を守ろうとして、より巨大な規模の「マネー経済」を破裂させる可能性である。世界的な国債価格の暴落を引き起こすことにより、先進各国の財政問題を表面化させるものと推測される。

２００８年前後のＧＦＣ（グローバル金融危機）以降、先進各国は、ありとあらゆる手段を使い、「デリバティブ・バブルの崩壊」を隠そうとしてきたが、トランプ大統領は、虎の尾を踏み、本格的な大インフレを引き起こす可能性が高くなったのである。

株価が一時的に急落し、世界中の人々は「どの資産が、最も安全なのか」を考え始めた。「国債」や「預金」などの「政府の信用を基にした資産」か、それとも「貴金属」や「株式」、あるいは「土地」などの「実物資産」かの選択である。

この時に考えなければいけない点は、「民間の利益や税収」を基にして、「国債の発行」が可能になっている状況だが、現在では「国債の方が、株式や貴金属よりも安全な資産である」という認識を持っている投資家が数多く存在する。つまり、さまざまな点において、「本末転倒した状態」が発生しているが、今回の大統領署名は、この点を世界全体に広く認識させる効果が存在したのである。

■パウエル次期FRB議長

2017年11月2日、パウエル次期FRB議長が決定した。パウエル氏の経歴や性格から判断すると、2018年は、本格的なインフレ（通貨価値の下落）が見え始めるとともに、世界全体が混乱する可能性が高くなってきた。パウエル氏は、基本的に弁護士であり、金融や経済に対する理解度が、前任者たちと比べて、大きく劣っている。そのために、誤った金融政策が実施される状況を危惧している。

また、「算命学」によると、「午未天中殺《うまひつじてんちゅうさつ》」という、今までの流れを終わらせる運命の持ち主であるとともに、「人なつっこい社交家で明るく協調性に富んでいるものの、孤独な作業を嫌い、社会の上下関係をわきまえることができず、時に失敗する」、また、「商才があり、セールスマンになると成績を上げるが、学者や技術者など、ものを考える仕事には不向きである」とも説明されている。

これらの条件から判断すると、２０１８年は、すでに始まった「ギャロッピング・インフレ」が、より一層、激化し、「ハイパーインフレ」への移行を考える必要性がある。現在は典型的な通貨の堕落が進展した結果として、古典的な「インフレ（通貨価値の下落）」が進行中だが、残念ながら日本では、いまだに、この点がほとんど理解されていない。

前述のとおりに、２００７年から２００８年に発生した「ＧＦＣ（世界的な金融大混乱）」が、実は「金融の大地震」であり、その後はクリーピングインフレ（忍び寄るインフレ）が襲ってきた状況が、ほとんど理解されていないのである。

また、２０１６年7月の「マイナス金利のピーク」から「ギャロッピング・インフレ」へと変化し、その結果として、世界的な株高が発生している事実を述べる人もほとんど存在しない。

繰り返すが、経済学者のケインズの言葉のとおりに、「通貨の堕落が引き起こすインフレについては、１００万人に一人も気づかないうちに進行する」という展開となっているが、今後の注目点は、「いつ、世界中の人々が、本当の原因に気付くのか」である。「ギャロッピング・

「インフレ」の特徴は、第四章で述べたとおりに、「企業は儲かるものの、年金生活者やサラリーマンの生活が苦しくなる」という事実である。

今後の注目点は、「国民が、どこまで現在の超低金利状態に我慢できるのか」だが、今後、「金利の上昇」が「日銀」や「政府」の財政問題を悪化させ、その後、「紙幣の大増刷」が引き起こす「ハイパーインフレ」に繋がった時には、国民の全てが犠牲者になるものと考えている。

以上のとおりに、「アメリカ」を始めとした先進各国は、今後、大規模な金融混乱に見舞われるものと考えているが、この点については「中国」も例外ではない。特に「中国の夢」を標榜し、次の覇権国家を目指している「習近平氏」は、今後、大きな混乱に見舞われるものと考えている。そのために、この章では「中国の歴史と現状」も合わせて考えてみたい。

(3)「習近平の夢」の時代錯誤

2017年7月1日、英国エコノミスト誌に、「習近平氏の『中国の夢』、千年間のGDPで精査」という記事が掲載された。内容は、現在の世界情勢や、最近、再び注目を集め始めた「グレートダイバージェンス（大分岐）」についてである。「中国の習近平国家主席には歴史認識に誤りがあり、この点を、三人の中国とイギリスの歴史学者が、資料を基にして検証した」というものである。

習近平氏は、「屈辱の100年」という言葉を使い、「1839年のアヘン戦争から、1949年の中国共産党の設立までの間、中国は屈辱の約100年間を経験した」と考えている。また、「2049年の新中国建国100周年」までに、世界の覇権国家となる目標を立てている。次の就任演説からも明らかなように、「屈辱の100年以前、中国は世界の先進国だった」との理解だが、エコノミストの記事はまったく違った意見を述べている。

わが民族は、偉大なる民族だ。五千年以上にわたる文明の発展の中で、中華民族は人類の文明の進歩に不滅の貢献をしてきた。それが近代以降、艱難辛苦を経験し、最も危険な時期を迎えた。だが、中国共産党の成立後、頑強に奮闘し、貧困の立ち遅れた旧中国を、繁栄と富強の新中国へと変えた。中華民族の偉大なる復興の光明は、かつてないほど、すぐ近くの前景にある。中華民族を世界民族の林の中で、さらに強く自立させるのだ！

（出典：現代ビジネス）

■14世紀に始まる中・欧の大分岐

２０１７年４月に、英国のオックスフォード大学で「"China, Europe and the Great Divergence: A Study in Historical National Accounting, 980-1850"（中国、ヨーロッパ、そして大分岐：西暦９８０年から１８５０年における歴史的な国家会計の研究）」という論文が発表された。英オックスフォード大学のスティーブン・ブロードベリー氏、中国・北京大学の管漢暉氏、そして北京にある清華大学の李稲葵氏の三氏が、中国は数百年前から欧州に後れを取っていたという内容の意見を述べている。

また、「Great　Divergence（グレートダイバージェンス　大分岐）」については、１９９０年前後に、「サミュエル・ハンティントン」という学者が造った言葉とも言われている。次のグラフのとおりに、「中国は19世紀どころか、14世紀には欧州主要国に追い抜かれていた」という事実が物語られているが、このことは前記の研究から明らかになったとも述べられ、同時に次の問題提起を英国エコノミスト誌が行っている。

もし１８３９年以前の中国が、世界で最も豊かな国でなかったとしたらどうだろう。中国が欧州に追い抜かれたのが１７５年前ではなく、６７５年前だったとしたら。それでも、習氏のいう中国の夢は、これほど人を引きつける力を持つだろうか？

（出典：エコノミスト誌）

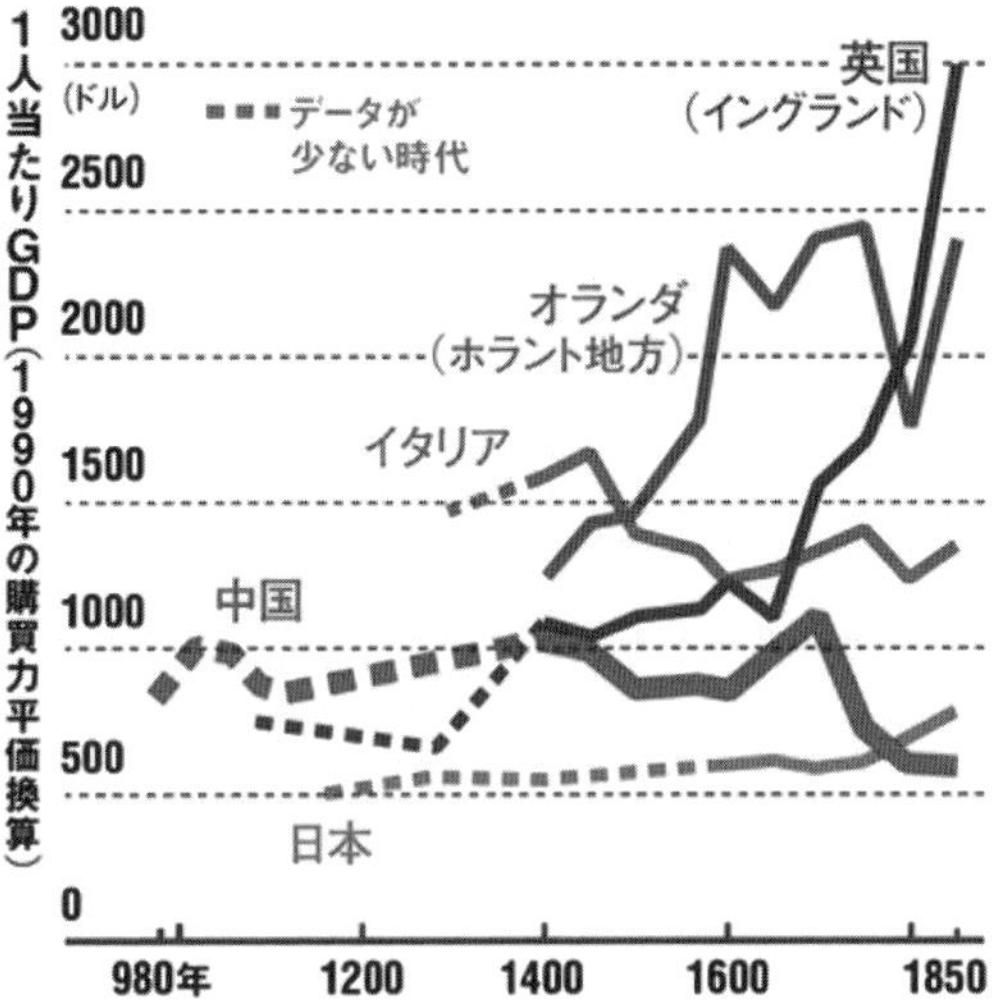

中国と欧州主要国、日本のＧＤＰ推移。1400年には中国のＧＤＰは欧州諸国に抜かれた
出所：The Economist/"China, Europe and the Great Divergence" by S. Broadberry, H. Guan and D.D. Li

中国とヨーロッパの大分岐

この研究について、次のような内容説明がなされている。

三氏は、西暦1000年前後以降の中国、英国（イングランド）、オランダ（ホラント地方）、イタリア、日本の1人当たり国内総生産（GDP）の水準を比較した。その結果、中国がほかの国々よりも豊かだったのは、最初の100年間、つまり11世紀だけだったことが分かった。

中国は、それ以前の時代に、火薬、羅針盤、活版印刷、紙幣、溶鉱炉を発明している。ブロードベリー氏らによると、西暦1300年までに、まずイタリアが、1400年までには、ホラントとイングランドが中国に追いついた。1800年ごろには、日本が中国を追い抜き、アジアで最も豊かな国となった。中国の1人当たりGDPは、清朝時代（1644〜1912年）に極端に低下した。1620年には980年とほぼ同水準だったが、1840年にはその3分の2に低下した。

（出典：エコノミスト誌）

この記事を読んだ時、私自身は「いまだ、この程度の理解なのか」、また、「ようやく、世界的な歴史認識が、やっとここまで進んだのか」という、相反した二つの感情が心に浮かび上がってきた。

村山節氏（1911〜2002）が半世紀以上も前に発見した「文明法則史学」を理解すれば、「大分岐」も歴史上、当然の事実である。また、人類の歴史において、規則通りに発生している出来事でもあるが、実際には、いまだにこの理論が、ほとんど無視されているのである。

文明法則史学という、革新的で有効な理論が、世界的に広く普及すれば、人類の進化に大きく役立つものと思われる。生産性の向上や人類の進化は、有限の時間とお金を、どれほど有効に使うのかで決定されるからだ。大分岐の議論も、文明史学が普及すれば問題が解決され、誰も議論しなくなる状況が予想されるが、前述のとおりに、金融混乱の発生とともに人々の認識が変化しているのも事実である。

1990年のバブル崩壊までは、多くの人が過去を振り返ることなく、今後の土地や株価の上昇だけを考えていた。あるいは、「1980年代の異常な動きが、永遠に続く」と錯覚していた。

1990年のバブルの崩壊以降、世界中の人々が、原因を過去の歴史に求め始めた。多くの人が「なぜ、このようなことが起こったのか」、また、「これからどうなるのか」を考え始めた。歴史を遡り、原点から考えるという変化が発生したのである。

1990年のバブル崩壊の時に、「戦後の経済成長」について考え直し始め、その後2000年のITバブル崩壊の時、「1929年の大恐慌」にまで遡り、根本原因を理解しようとした。また、2008年のリーマンショックの時には、資本主義の始まりである西暦1800年前後にまで、多くの人が歴史を遡った。

その後、2010年前後から盛んになった議論が「グレートダイバージェンス（大分岐）」でもあったが、2017年には、西暦1000年前後にまで「歴史の遡り」が進展した。西暦400年前後にまで遡るのにはほとんど時間がかからず、その後は一転して、西暦400年から現在まで、歴史に沿った見直しが始まることが、私自身が経験したことだった。

私自身はこの経験により、歴史の法則がはっきり理解できた。重要な点は、演繹《えんえき》法と帰納法である。村山節氏が行われたことは、「長い人類の歴史」という既存の事実を研究し、その後に一般的な基礎理論を確立する、いわゆる帰納法と呼ばれる手法だった。

基礎理論が確立されると、その理論をそれぞれの時代に応用する、いわゆる演繹法が有効活用できるが、ニュートンの万有引力の法則もその典型例だった。基礎理論の確立が、その後の飛躍的な技術の発展に繋がったのである。

今後は、経済学を始めとした社会科学において、同様の発展がみられるものと想定しているが、複雑、かつ、厄介な問題が数多く存在するのも、間違いのない事実である。繰り返すが、現在の経済学では、いまだに「お金の謎」が解けていないだけではなく、歴史のサイクルについても、非科学的な発想であるというような認識が一般的でもあるからだ。しかも、心の謎という、きわめて難解な問題も存在する。

現在の経済学を始めとした社会科学は、イエレンFRB議長が指摘したとおりに、きわめて未熟な段階に位置しているのである。

金融や貴金属の専門家である「Alasdair Macleod氏」が注目したのは、2017年6月9日の産経新聞で報道された「上海協力機構（SCO）」だった。「インドとパキスタンの加盟が承認された」という事実を重視し、地政学上のハートランド理論が存在する点を指摘している。

■ハートランドの支配国

ロシアと中国、中央アジア4カ国で構成する上海協力機構（SCO）の首脳会合が、2017年6月8日、カザフスタンの首都アスタナで開幕。2日間の日程では、準加盟国のインドとパキスタンの正式加盟が承認され、SCOが初の「拡大」を果たす見通しだ。正式加盟の受け入れは、SCOの存在感向上を狙うロシアが主導。しかし、対立し合うインドとパキスタンの加盟は、同機構の効率や方向性を不透明にするとみられている。

首脳会合に先立ち、プーチン露大統領と中国の習近平国家主席が会談し「連携強化を確認した。インドとパキスタンは2015年に正式加盟を申請。SCO内部の機能強化を優先する立場から中国が受け入れに消極的で、手続きに時間を要した。SCOは、加盟8カ国で世界の人口の43％、国内総生産（GDP）の24％を包含する機構となる。（出典：Sankeibiz）

「ハートランド理論」を、「中国やロシアなどが、通貨戦争において採用している可能性」が指摘されているのである。「中国やロシア、そしてインドが、なぜ、金（ゴールド）を大量に買い続けているのか」について、「金融面での中軸地帯」を作ろうとしている可能性が示唆されているが、「Macleod氏」が最も重要視したのは「金本位制構想」でもあった。

世界のハートランド（中軸地帯）

ハートランド(Heartland)とは地政学の用語。ハルフォード・マッキンダーが、『デモクラシーの理想と現実』の中で、ユーラシア大陸の中核地域を「中軸地帯」と呼んだことに始まり、後に、「ハートランド」と改められた。マッキンダーは、20世紀初頭の世界情勢をとらえ、これからはランドパワーの時代と唱えた。とりわけ、それまでの歴史が海軍大国（海洋国家）優位の歴史であったのに対し、鉄道の整備などにより大陸国家の移動や物資の輸送などが容易となったことで、ハートランドを支配する勢力による脅威が増しているとし、海洋国家同士の連携を主張した。しかしマッキンダーは、当時次第に注目されつつあった空軍力の影響力を重視せず、第一次世界大戦以降、航空機戦力を中心とした戦争が中心となるにつれ、次第にマッキンダーのハートランド論は時代遅れと批判されることとなった。しかしこうした国際政治の構造や力学に鋭い視点を展開したマッキンダーのハートランド論は時代環境の変化に照らして、さらに地政学の世界で応用的に用いられ、ニコラス・スパイクマンによって主張されたリムランド論や、コリン・グレイなどによってハートランドのモデル化など、後の地政学や軍事戦略におおいに影響を与えたとされる。（出典：ウィキペディア）

「アメリカ」と、ハートランドの支配国である「中国」と「ロシア」との間で繰り広げられてきた通貨戦争が、最終局面に突入したという理解である。また、「米国におけるトランプ大統領の就任が、戦争のペースを速めた」とも指摘されているが、今後は「中国とロシアが、アメリカの失敗を待つのではなく、独自の政策を実行する段階に入った」とも理解されている。「国債」と「金」とを巡る「金融大戦争」において、国債価格の暴落後に、金本位制を推進しようとする動きのことである。

通貨戦争に勝利するための最も有効な手段として、「ドルが持っている根本的な弱点」をさらけ出すことが指摘されている。「金」を本位とした通貨制度が、最も健全な通貨であるという理論だが、実際には「中国の元」と「ロシアのルーブル」について、保有している金（ゴールド）を通貨発行の裏付けとして、世界の金融市場で、中国とロシアの地位を高めようとする思惑である。

今後、アメリカを中心とした先進各国で、１９９１年のソ連と同様の金融大混乱が発生する可能性が想定されているようだが、国債価格の暴落が、金融システム全体を崩壊させ、世界の覇権国家が、現在のアメリカから、今後、中国に移行する可能性も想定されているのである。「上海協力機構（ＳＣＯ）」が、現在の「経済協力開発機構（ＯＥＣＤ）」に代わる役割を果たす可能性であり、このことが「一帯一路構想」も含めて、「習近平氏の夢」とも思われるが、私自身はまったく違った可能性を想定している。具体的には、「世界の覇権国家」という概念そのものがきわめて西洋的な考えであり、文明法則史学からは違った価値観が台頭し始めるものと思われるからだ。

「地球環境と共生可能な経済学」とでも呼ぶべき理論であり、実際には「技術革新がもたらす、より効率的な社会の構築」である。現時点で理解すべきことは、理論の有効性や正当性であり、具体的には、「それぞれの理論が、どれほど正確に、現状説明ができるのか」ということである。「習近平氏の夢」は、「マネー理論」や「文明法則史学」からはきわめて時代錯誤的な考え方と思われる。

第七章　混迷を深める世界経済

２０１８年に入り、世界的な混乱が加速してきた。「ゴルディロックス（適温経済）」を主張する人が激減し、将来の不安を感じる人が増えてきたが、この点については今までに説明したとおりである。この章では、「これからどのようなことが起こるのか」について考えてみたい。最初に、３年前に財務省が発表した資料から説明をさせていただく。

■身ノ無キ財産

日本ではほとんど報道されなかったが、２０１５年9月30日に、財務省が「戦後の我が国財政の変遷と今後の課題」という題名の44ページのレポートを発表した。

その中では、終戦直後のハイパーインフレなどが詳しく述べられており、私自身は、「いよ

	昭和19年度	昭和20年度	昭和21年度	昭和22年度	昭和23年度	昭和24年度	昭和25年度
債務残高（億円）	1,520億円	1,995億円	2,653億円	3,606億円	5,244億円	6,373億円	5,540億円
名目GDP（億円）	745億円	―	4,750億円	13,090億円	26,650億円	33,760億円	39,460億円
債務残高対GDP比	204%	―	56%	28%	20%	19%	14%
卸売物価上昇率	13.3%	31.7%	432.9%	195.9%	165.6%	63.3%	18.2%

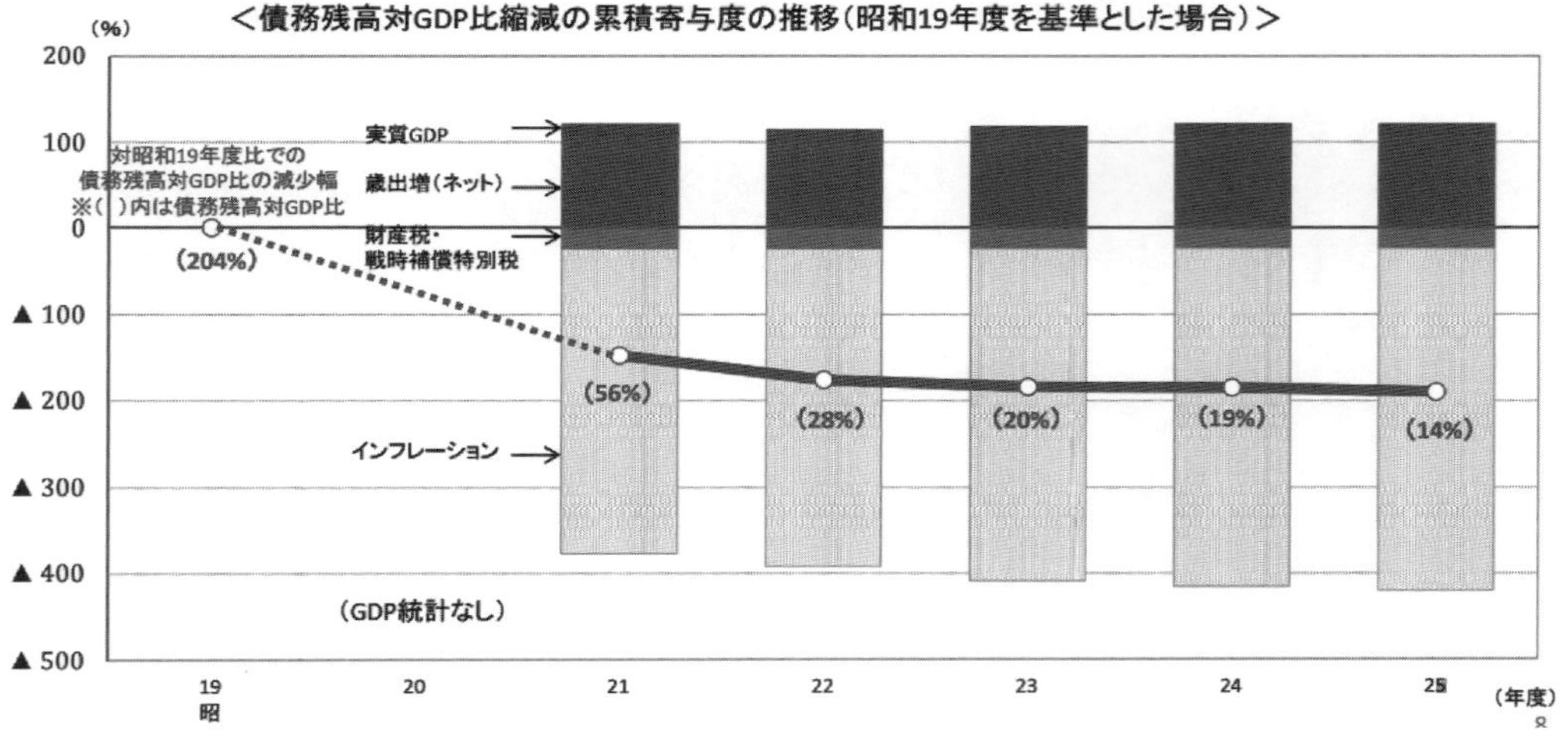

戦後の我が国財政の変遷と今後の課題

（出典：財務省 2015年9月30日）

いよ財務省が、本格的なインフレ政策に移行するのではないか」とも感じさせられた。あるいは、一種の証拠作りのようにも思われたが、この点については、間もなく事実が判明するものと考えている。

このレポートで特に興味深かったのが、昭和20年11月5日に発表された「財政再建計画大綱要目」であり、印象に残ったのが「今日、我ガ国民ノ財産総額ハ、現在幾何ニ達スルヤ遽ニ推断ヲ下シ得ザルモ、概ネ四、五千億円ト推定セラルル処、其ノ中千五百億円乃至二千億円ハ、国債ノ累積等ニ基ク、謂ハバ身ノ無キ財産ト考フベキモノナルベシ」という文章だった。

当時の「日本の国富」は、おおむね4千億円から5千億円と想定されており、その中の1500億円から2000億円は、「国債の累積等に基づく、中身の無い財産である」と考えられていたのである。

「国債は、実質的に不良債権であり、国富とは認められない」という考えを持ち、次のような政策が実行された。「謂ハバ身ノ無キ財産トシテ国民ノ懐ニ在ル資金ヲ、大規模ニ吸収シ、物ト金トノ均衡ヲ回復スルノ要アリト認メラル」という説明のとおりに、新円切り替えや預金封鎖などの強硬手段が実施されたのである。

しかし、「ハイパーインフレにより、財政均衡が達成された」とも述べられている。実際には、「債務残高の対GDP比率」に関して、昭和19年の204%が、その後、昭和25年の14%にまで、急速に減少しているのである。名目上のＧＤＰにおいて、昭和19年の７４５億円が、その後、昭和25年の３兆９４６０億円にまで大膨張し、結果として債務比率の急減が起きた。大インフレの発生である。

このようなレポートが発表されたという事実は、時間的な余裕が無くなっている証拠であり、本格的な「インフレの大津波」が発生する可能性を示唆している。また、２年前のアメリカでは、次のような発言も行われている。

▪金融界のドーピング現象

ダラス地方連銀の総裁を務めたリチャード・フィッシャー氏が、２０１6年3月8日、米国の「ＣＮＢＣ」という報道番組に出演し、驚くべき発言をした。「我々は、金融システムに、ヘロインとコカインを注入した」、また、「現在は、リタリン（合法シャブと呼ばれる覚醒剤）が使われている」というコメントである。

いわゆる「量的緩和（ＱＥ）」が、実際には「リフレーション（通貨膨張）政策」であり、今後の「ハイパーインフレ」を予想させる状況でもある。「中央銀行のバランスシートを大膨張させて、国債を買い付ける方法は、末期がん患者にモルヒネを打つようなものだ」と言いたかったようだ。

しかもフィッシャー氏は、以前に、「FRBは、弾薬の尽きた巨大兵器となった」ともコメントし、この点について海外の金融専門家は、「ウォール街のギャンブラーたちを、より一層、裕福にさせるために、市中の人々から預金を奪った」とも述べている。日銀の状況からも明らかなように、「当座預金を増やしながら国債を買い付ける行為」は、実質上、「国民の預金を使って、国債を買い支えている状況」である。

国民の知らないうちに、いつの間にか、預金が国債に換わっていたのである。金融界のドーピング現象に限界点が訪れた時に、どのような事が起こるのかが、今後の注目点である。「お金」は残高（ストック）であり、インフレでしか、価値が減少しない性質がある。

今後は、今までの量的緩和が変化し、「日銀による資金の吸い上げ」から、「資金が、紙幣の形で、急速に市場に出回る状況」が想定される。現在、日本のGDPが約530兆円に対し、日本のM2が約1000兆円という状況である。大量の資金が供給されていながら、同時に、日銀により、吸い上げられた状況を表している。

「国債の買い支え」により、「マイナス金利の発生」や「MMFの完全消滅」など、さまざまな問題が引き起こされているが、実際には、フィッシャー氏が述べたように、現在は「健全な金融システム」ではなく、「ヘロインやコカインにより、延命措置が計られている状態」であり、たいへん近い将来に何らかの大事件が発生するものと思われるが、この点については次のことも重要な問題である。

■キャッシュレス社会の到来⁉

現在、マスコミでは、「キャッシュレス社会の到来」が話題になっているが、大きな注意が必要である。お金の性質から考えると、きわめて危機的な状況にあり、実際には、信用のバブルが個人レベルにまで到達した状況とも想定されるからである。

世界中の人々が、目に見えない通貨に対して、過剰な信頼感を抱いた結果として、通貨の質が劣化しながら、通貨の量が増えたのである。私が主張する「信用本位制」が窮まった段階であるが、この点については前述のとおりに、「1971年のニクソンショック以降の、世界的なマネー大膨張」に関する理解が必要不可欠である。

2017年、「金融システムのメルトダウン（炉心溶融）」が「預金」の部分にまで達し、「ビットコインのバブル」が発生し崩壊した。「1929年の大恐慌」の時に、「最後の段階で、靴磨きの人までもが株式投資に熱中した」というような状況が、預金や通貨で発生したのである。

今後の注目点は、「金融システムのメルトダウン」が「紙幣」の部分にまで到達する状況である。日銀を中心にして、資金繰りが、より一層、逼迫化する状況が想定される。すでに日銀が、これ以上、国債の買い増しができない状態となっている。この実情が広く知れ渡った時に、国債価格の暴落が始まり、日銀は大々的な紙幣の増刷を、世界に先駆けて行う可能性がきわめて高くなっている。

このことが、「ギャロッピング・インフレ」から「ハイパーインフレ」への移行過程である。このような状況を考えると、キャッシュレス社会の到来はまだ先のことであり、「ＡＩ（人工知能）」や「ＩｏＴ」の更なる普及が不可欠である。

今後は、貴金属に対する興味と関心が広がるものと考えている。実際には、「先進各国の中央銀行」が破たん状態に陥った時に、世界的な大混乱に陥る状況を表しているが、その時には、キャッシュレス社会の到来は、ほとんど忘れ去られるものと考えている。また、昨年、日銀の中曾副総裁は、次のようなコメントも行っている。

▪囚人のジレンマ

２０１７年11月29日に行われた中曽日銀副総裁の講演が注目を浴びた。理由としては、預金口座の管理料に言及したからだが、日本でも欧米並みに、「預金口座の管理」に対して、料金を徴収する意見を述べられているのである。

しかし私自身としては、中曽副総裁の真意が別のところに存在しているものと感じており、「囚人のジレンマ」という言葉が気に掛かる状況である。

つまり、「銀行間の過度の金利下げ競争」と「銀行の収益性」に関するジレンマとも説明されており、表面上は「互いに過度な金利競争を回避すれば収益を維持できる一方、自行だけが競争から離脱すれば、他行に顧客がシフトし一人負けする可能性」が憂慮されている。

中曽副総裁は、この演説で、地域金融機関の苦境を説明しながら、実際のところは「日銀の苦境」を訴えたかったものと推測される。財務省の言いなりとなり、日銀の独立性がほとんど失われたような状況に対して、日銀の生え抜きとして、大きな危機意識を持っている可能性である。そして、この危機感が「囚人」という言葉で表現されたようにも感じているが、現在では異次元の金融緩和が行き詰まりを見せ、国債を買い増しする資金的な余裕が、日銀に無くなりつつある状況である。

「国債入札」に関する問題、あるいは「国債価格の暴落懸念」が存在し、「今後、日銀がどのような方法を取れるのか」、あるいは「日本全体が、どのような状況になるのか」が憂慮されている。「預金」から「株式」や「貴金属」などへの資金移動が見込まれており、その結果として、あえて銀行口座に関する管理料が指摘されたようにも感じている。つまり、金融システムを根本から考え直す必要性が存在するが、この点については次の問題も重要である。

■高額紙幣の廃止

２０１７年８月１日の日経新聞で、「日本は、一万円札を廃止せよ」という意見が紹介されている。ハーバード大学のロゴフ教授の主張として、「高額紙幣を廃止すれば、脱税やマネーロンダリングなどの犯罪が防げるだけでなく、次なる経済危機に備えることが可能だ」、しかも現在、中央銀行が陥っている「ゼロ金利の制約」、すなわち「これ以上、金利を下げることができない状態に対しても有効である」との理解である。

「現金を廃止して、マネーを電子化すれば、４％程度のマイナス金利を課すことが可能である」、また、「その先駆者となれるのは、あらゆる金融政策を試みてきた日本である」ともコメントされている。

ヨーロッパなどの国々で、現在、このような動きが始まっているのも、間違いのない事実だが、お金の性質や過去の歴史を無視した、典型的な机上の空論であり、今後の金融大混乱を引き起こすキッカケの出来事とも言えるようである。

預金の使用や引き出しに関する禁止や制限は、日本の戦後に発生した「預金封鎖」や「新円切り替え」と、実質上、同じ効果を持っている。「通貨」や「政府」に対する信頼感を喪失させ、多くの人々が、預金や現金などを実物資産に交換する「換物運動」へと繋がるからでもある。

前述のとおりに、中国やロシア、あるいはインドなどの国々は、「上海協力機構（ＳＣＯ）」

を強化しながら、「金本位制」への復帰を目論んでいる。文明法則史学が教えるとおりに、西洋の時代から東洋の時代への移行が急速に進展し、世界的なパワーバランスが一挙に崩れる可能性も存在する。

前述のとおりに、「1991年のソ連」では、国債価格が暴落し、紙幣の大増刷、しかも、高額紙幣の発行が一挙に発生したが、この点を熟知しているロシアや中国にとって、「高額紙幣廃止論」は、自分たちの陣営に塩が送られるような議論とも捉えられているようだ。現在のフィアットマネー（政府の信用を基にした通貨）に対する信頼感を失わせ、「金」を中心にした貴金属の価格を、急上昇させる効果があるからだ。

■グレーヤーズ・レポート―海外識者の現状分析

現在、日米欧の国々のみならず、世界的に、国民と権力者との間で、利害の対立が発生している。財務省などの問題が、日本の国会で議論されていることからも明らかなように、官僚機構が機能不全の状態となっているが、この点については、19世紀の末、二度にわたり米国大統領に就任したクリーブランド氏が主張する状況である。

「市民には国家を支える義務が存在するが、国家には市民を支える義務は存在しない」、すなわち、国民を犠牲にして、一部の権力者が暴走した状況である。

歴史の大転換期には、往々にして、国民が犠牲になる状況が発生する。第二次世界大戦の時、日本人のみならず、世界中の人々が、軍部の暴走で甚大な被害を受けた。その他にも、１９２３年のドイツや１９９１年のソ連などのように、ハイパーインフレで、国民の資産が劇的な壊滅状態に陥った例も、数多く存在する。

「現在の世界情勢は、この初期段階ではないか」という意見が、海外で頻繁に出始めているが、キーワードは「パンドラの箱」のようにも思われる。２０１８年３月３日の日経新聞では、鉄やアルミの輸入制限に関して、この言葉が使われており、また、同年2月19日に「グレーヤーズ氏」という金融の専門家が、現在の世界情勢について、「パンドラの箱が開いた」という内容のレポートを出しているからだ。

パンドラは、ギリシャ神話に登場する女性で、神々によって作られ、人類の災いとして地上に送り込まれた人類最初の女性とされる。パンは「全てのもの」であり、パンドラは「全ての贈り物」を意味する。プロメテウスが天界から火を盗

クリーブランド大統領
“While it is the duty of the citizen to support the state, it is not the duty of the state to support the citizen” – President Grover Cleveland
（出典：ＧＯＬＤＭＯＮＥＹ、ウィキペディア）

んで人類に与えた事に怒ったゼウスは、人類に災いをもたらすために「女性」というものを作るようにヘーパイストスに命令したという。

ヘーシオドス『仕事と日』（47-105）によればヘーパイストスは泥から彼女の形をつくり、神々は彼女にあらゆる贈り物（＝パンドラ）を与えた。アテーナーからは機織や女のすべき仕事の能力を、アプロディーテーからは男を苦悩させる魅力を、ヘルメースからは犬のように恥知らずで狡猾な心を与えられた。そして、神々は最後に彼女に決して開けてはいけないと言い含めてピトス（「甕」の意だが後代に「箱」といわれるようになる）を持たせ、プロメテウスの弟であるエピメテウスの元へ送り込んだ。

美しいパンドラを見たエピメテウスは、プロメテウスの「ゼウスからの贈り物は受け取るな」という忠告にもかかわらず、彼女と結婚した。そして、ある日パンドラは好奇心に負けて甕を開いてしまう。すると、そこから様々な災い（エリスやニュクスの子供たち、疫病、悲嘆、欠乏、犯罪などなど）が飛び出した。しかし、「希望」のみは縁の下に残って出て行かず、パンドラはその甕を閉めてしまった。こうして世界には災厄が満ち人々は苦しむことになった。

（出典：ウィキペディア）

「パンドラの箱」については、ウィキペディアで前記の説明がなされているが、私自身は

1971年のニクソンショック、あるいは、それ以前の資本主義の時代からパンドラの箱が開き、多くの災いが飛び出したものと考えている。ニクソンショックの前後から、本格的なマネーの大膨張が始まり、世界中の人々が欲望を全開し始めた状況を表しているからだ。

ギリシャ神話では、パンドラの箱が開き、数多くの悪が世界に解き放たれたと説かれているが、今後の数年間で、現代版の「パンドラの箱」が開き、世界全体が壊滅的な状態に陥るものと考えている。

今回の最も大きな違いは、ギリシャ神話のような歴史的な物語ではなく、現実世界における、未曽有の規模での大混乱状態である。「パンドラ」が人類に災いをもたらしたように、今後、世界全体は、「過剰な債務」や「虚偽」、あるいは、「不正」や「堕落」、そして、「道徳観」や「倫理観」の喪失により、大きな罰を受けるだろう。

現代版の「パンドラの箱」が開くと、数限りないほどの問題やショックが、世界を襲うことになるだろう。歴史を遡ると、健全な政策に裏付けされた健全な経済状態が、多額の債務や紙幣の大増刷、あるいは、戦争などに変化した例が、数多くみられる。そのうちのいくつかは、規模が小さく、また、全てが小さな地域に限られたものだった。

具体的には、「アルゼンチンの経済的崩壊」や「西ローマ帝国の崩壊」などのように、多くの例が挙げられるが、今回のように、全ての国々、そして、地域が、同時に資金面での大混乱に遭遇するのは、歴史上、初めてのことである。（グレーヤーズ氏）

「お金」は信用を形にしたものだが、「マネーの大膨張」については、人々の欲望がその推力になる。前述のとおりに、今から100年ほど前は、「人々が飢えないように、食料を確保したい」ということが、人々の欲望、あるいは希望だった。その後、「より便利で高度な生活を楽しみたい」という欲望に変化し、最近では「お金を儲けて、楽をしたい」という状況となった。「お金」が現代の神様となり、多くの人々が、「お金がなければ生活できない」と考えている状況のことだが、このような人々の意識変化を利用して誕生したのが、「デリバティブ」を中心にした大量の金融商品だった。

世界中の人々が「お金」を求めた結果として、「政府」や「金融機関」が大量の国債やデリバティブなどを発行、あるいは、創造できたのである。しかし現在では、全ての信用創造能力が使い果たされ、後は紙幣の増刷しか残されていない状況である。

最初に中国の現状から説明すると、21世紀に入ってから、債務は2兆ドル（約214兆円）から40兆ドル（約4280兆円）にまで大膨張した。多くの多額債務を抱える国家と同様に、中国も、ＧＤＰを成長させるために、債務残高の増加に邁進したのである。

２００９年以降、中国の債務は、ＧＤＰの３倍の速度で増え続けた。中国の「債務対ＧＤＰの比率」については、おおよそ３００％という水準にまで増えている。しかし、この数字を、金融面での安定度から見ると、違った姿が見えてくる。つまり、全ての金融資産を含めると、この数字は、なんと８３３％にまで跳ね上がるからである。

ただし、中国が最悪の状況ではなく、イギリスの場合には、この数字が１００８％となっていることが見て取れる。また、多くの工業国も４００％を超えている。巨大な金融市場を抱えたスイスも、本来ならば、リストの上位に入っているものと推測される。

リストの三番目に位置する日本の場合、この数字が６５７％となっている。

FSB Data with 2016 Estimates for All Chinese Financial System Assets

Rank	Country	Financial Asset to GDP
1	United Kingdom	1008%
2	China	833%
3	Japan	657%
4	France	619%
5	Canada	569%
6	US	477%
7	EU	473%
8	Germany	452%
9	South Korea	400%
10	Italy	392%
11	Brazil	211%
12	Russia	152%
13	India	149%
14	Turkey	123%
15	Mexico	116%
16	Indonesia	85%

世界的なＧＤＰに対する金融資産の比率

（出典：グレーヤーズ氏）

日本経済は、すでに破たんの状態であり、太平洋に沈むものと考えている。この国は、当然のことながら生き永らえるが、経済については、そうはならない可能性もある。

日本の国家債務残高は1013兆円であり、GDPの250%となっている。現在、債務に掛かる金利は1・1%で、税収の2割が使われている。かりに、金利が5%にまで上昇すると、税収の全てが、金利の支払いに費やされる計算になる。また、かりに金利が現状に留まったとしても、このままでは、2041年に、税収と金利の支払い額が同じになることも計算できる。

(グレーヤーズ氏)

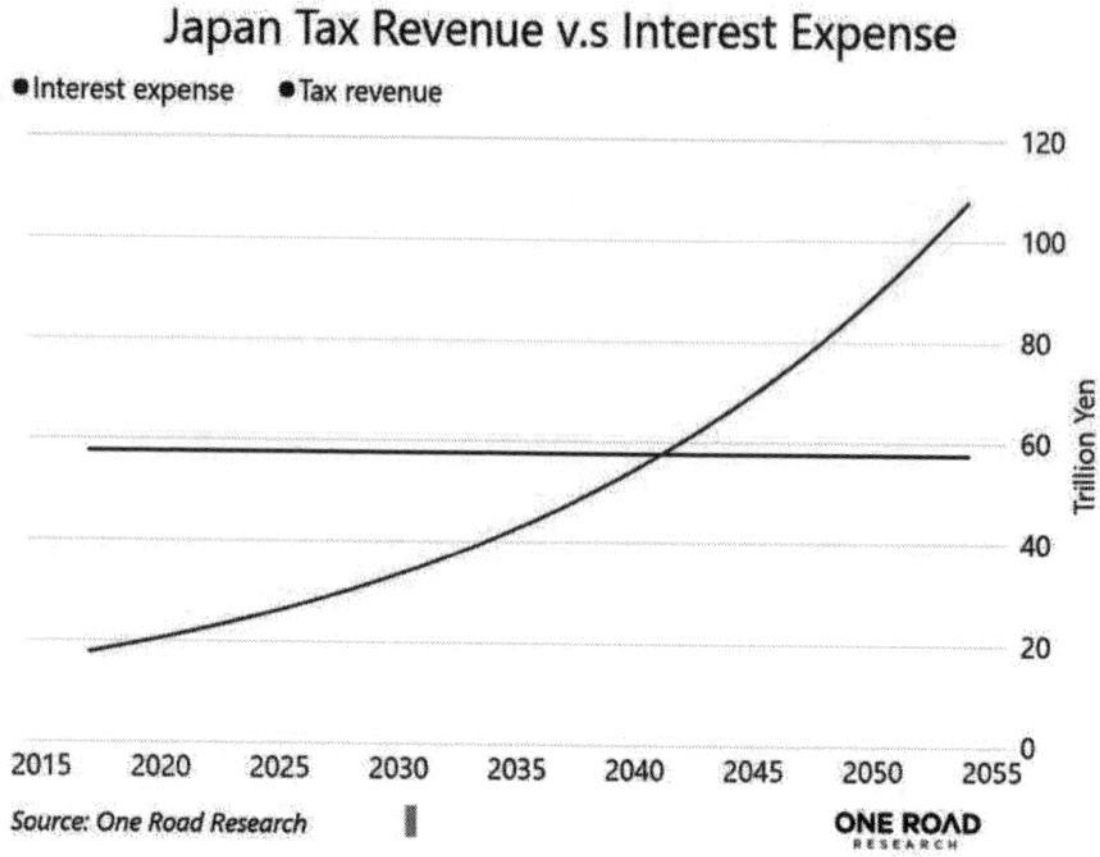

日本の税収と金利負担
(出典：グレーヤーズ氏)

日本の国家財政は、きわめて危機的な状況にある。今後、税収が約60兆円の水準で推移するものの、一方で、金利の負担額だけが急上昇する可能性を、グレーヤーズ氏は憂慮している。

ただし、今後、インフレ率が加速した場合には、名目上の税収が増える可能性も存在する。
今後は、国債の買い手がいなくなり、国債の発行そのものが難しくなる。１９２３年のドイツや１９４５年の日本、そして、１９９１年のソ連などのように紙幣を増刷し、ハイパーインフレを引き起こすことにより、国家債務を帳消しにする方法しか残されていない。今後の注目点は、ある日突然に、国債価格が暴落を始める瞬間であり、現在ではこの時がたいへん近くなっている。

日本に関して、もう一つの重大な問題は少子高齢化である。２０６５年までに、日本の人口は3分の1も減少し、現在の1億２７００万人から８８００万人になると言われている。また、２０６５年には、65歳以上の人口が、全体の４割を超え、一方で、14歳以下の人口が、ちょうど10％になる。しかも、日本の人口問題については、２０６５年まで待ってくれない可能性もある。巨額な国家債務と財政赤字により、5年以内に、経済的、かつ、通貨制度に関する危機的な状況が勃発するものと思われるからだ。（グレーヤーズ氏）

巨額な国家債務と財政赤字により、経済、かつ、通貨制度に関する危機的な状況が勃発する可能性は、実際のところ5年以内ではなく、２０１８年に発生するものと思われる。現在は時間的な猶予が無くなった段階であり、何が起きても不思議ではないという認識が必要とされている。

また、ヨーロッパについては、選挙で選ばれず、また、不可解な行動をする「ブリュッセルのエリート」と呼ばれる人々が、問題を隠すために、ありとあらゆる努力を行っている。現在、ヨーロッパの主要地域において、消費者組合から政治経済に関する組合まで壊滅的な状態となっている。イギリス人は、このエリート達が、イギリスに関する法律や条例を決めることに反対している。ブリュッセルは、Ｂｒｅｘｉｔ（イギリスのＥＵ離脱）を阻止するために、脅しや脅迫などの手段に訴えている。また、ポーランドやハンガリー、あるいは、チェコなどは、慣れ親しんでいないルールにより生活苦に陥っているが、本当の問題は、全ての国々が単一通貨を使うことにより引き起こされた不平等や格差である。ギリシャやイタリア、あるいは、スペインやポルトガルなどは、実力より強い通貨のもとでは、経済的な生き残りが難しく、一方で、ドイツは、実力よりも弱いユーロのもとで、経済的な繁栄を享受している。（グレーヤーズ氏）

「ブリュッセルのエリート」という聞きなれない言葉が使われているが、現在、ヨーロッパのみならず世界の国々で、過剰な官僚支配が行われているものと考えている。現在の日本のよ

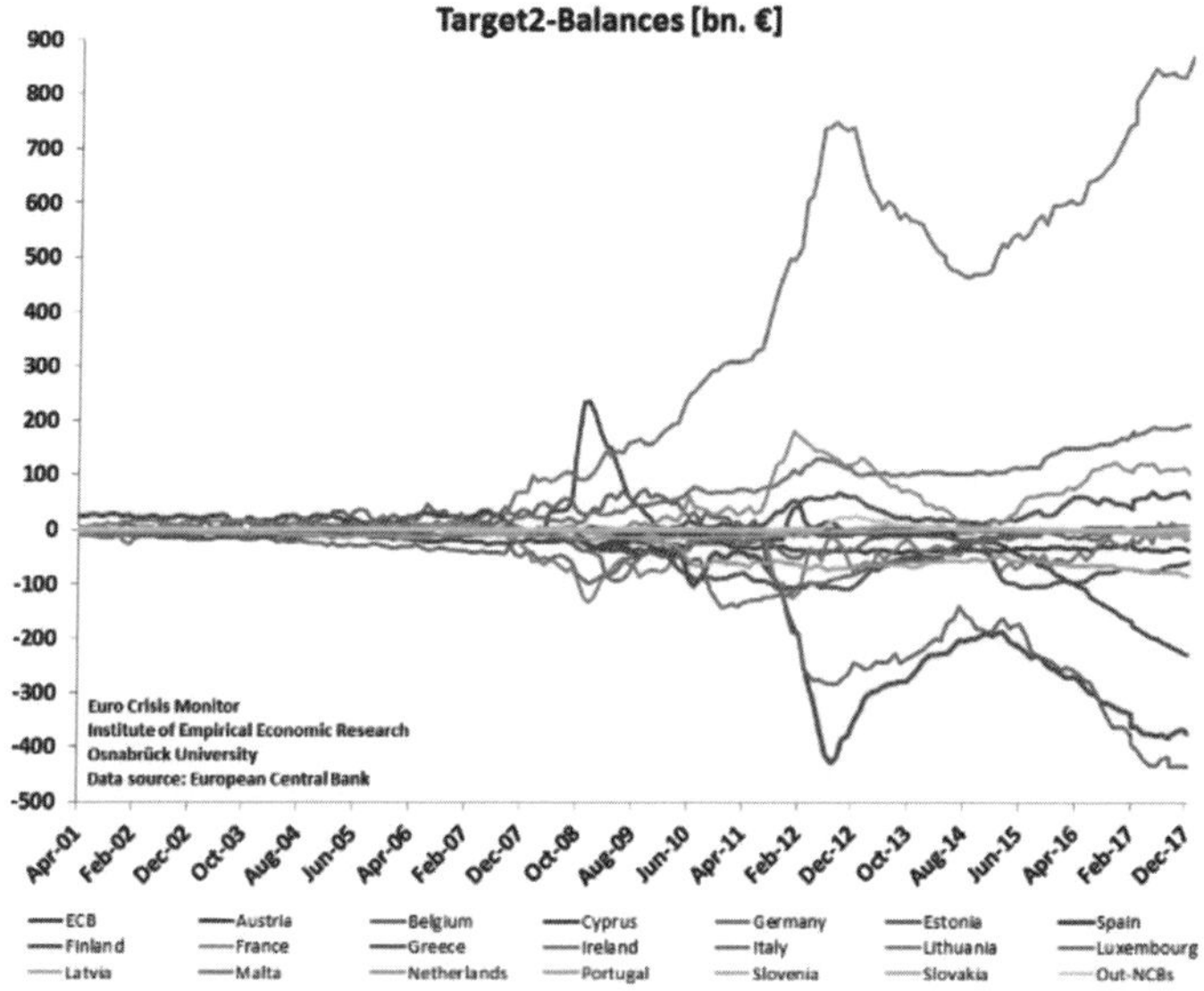

欧州のTarget 2

うに、財務官僚などがあまりにもデタラメな行動を取っている状況だが、今後、国債価格の暴落が発生した時に、全てが明らかになるものと考えている。

そして、この点については、「TARGET 2」のグラフが、全てを物語っている。このグラフは、ユーロ加盟国の決済システムを表したものであり、現在、ドイツは、約９０００億ユーロ（約１１７兆円）もの資金の出し手となっており、一方で、イタリアが約４３３０億ユーロ（約56兆円）もの借り入れを行っている。また、次に位置するのがスペインであり、金額としては約３７４０億ユーロ（約48兆円）という状況である。かりに、この二国が財政破綻に陥ると、ヨーロッパの金融システムは崩壊し、ギリシャやポルトガル、そして、アイルランドやフランスなども、金融面で危機的な状況に陥ることが想定できる。ドイツについては、表面上、財政面で最も健全な状況に見えるが、最大の金融機関であるドイツ銀行が、巨額のデリバティブ損失などにより、ドイツやECB、あるいは、ヨーロッパ全体の金融システムに対して、危機的な状況をもたらす可能性も存在する。

（グレーヤーズ氏）

このグラフでは、ドイツ経済が一人勝ちしている状況が表されている。しかし、これほどまでの格差が、今後も継続するとは思えない。注意点はドイツ銀行であり、以前から多額の不良債権が噂されている。

現在、世界中の国々が、きわめて危機的な状態に陥っている。新興国のジャンク債は、2017年に5割も増加し、約800億ドル（約8兆円）の金額にまで膨らんだ。利回りを追求する動きが、新興国の高金利国債へ、世界の資金を向かわせている。そして、この点に、世界経済や金融システムの「急所」が存在するが、実際には、我々が、大膨張する債務の世界でしか生き延びることができないという事実のことである。とっくの昔に、世界は、金融面での刺激が存在しないと、実体経済の成長ができない局面を過ぎてしまった。世界のどの国を見ようとも、結果は同じである。例えば、米国の場合、２０００年以降、国家債務は4倍に増加したが、一方で、米国のＧＤＰは、この間に、2倍にも達していない。世界経済は、紙幣の増刷か、あるいは、その他の信用供与という方法で、不断の刺激が与えられない限り、生き延びることが不可能な状態になっているのである。そして、このことが、世界の債務が急増しながらも、世界のＧＤＰが、債務の急増ペースに追いついていない理由である。２００６年から始まったＧＦＣ（グローバル金融危機）以降、世界のＧＤＰは26％増加したが、一方で、世界の債務は2倍になり、約２４０兆ドル（約2・56京円）の金額に達している。しかも、デリバティブや資金手当てがされていない債務、すなわち、将来の年金や健康保険などを加えると、世界の債務総額は、１７５０兆ドル（約18・7京円）にまで達するものと想定される。

（グレーヤーズ氏）

この意見には同感するが、問題はなぜマネーの大膨張が起き、どこまで政府の関与が可能なのかという点である。政府が関与し、影響力を及ぼすことができる限界点に達した時に、国債価格の暴落が発生する。現在は、いまだに政府の余力が残されている段階である。

このような状況下で、債務の増加に頼った病的な経済が、どのようにして、米国やヨーロッパ諸国が目論んでいる金融刺激策の減少に対応できるのだろうか。しかも、現在では、金利が大底を打ち、今後、より高い金利が見込まれる状況であり、この時に、ゼロ金利やマイナス金利に慣れ切った人々は、大きなショックを受けるものと思われる。つまり、今後は、金利とインフレ率の上昇が見込まれており、政府や中央銀行の打つ手が無くなった状況である。為替の下落と債券市場の暴落により、2020年までに、急激なインフレ率と金利の急騰が想定される。

政府に残された方法は、紙幣の増刷しか存在しないのである。債務危機に陥った世界経済が、今までのような治療法で救済不能なことは、きわめて明白である。更なる債券の発行や紙幣の増刷は、問題をより大きくするだけである。歴史を見ても、世界全体が、債務の増加により繁栄した例は存在しなかった。当然のことながら、一国や地域経済が、同様の状況で繁栄し、その後、富の崩壊につながった例は数多く存在する。現在の金融システムにおいて、健全な金融商品は存在しなくなった。実質的に、全ての国債は破たん状態に陥っている。しかも、この他に、巨額の資金手当てされていない年金や健康保険などの社会保障費が存在するが、現在では、資金不足の状態に陥っているのである。

今後、税収が急激に落ち込み、学校や病院、あるいは、防衛や道路などに使われる政府支出が激減するものと思われる。また、国家債務や財政赤字、そして、銀行の不良債権などが、誰の目にも明らかになるものの、政府や中央銀行としては、問題にまともに対応できず、嵐が過ぎ去るのを祈るだけの状況になることが推測される。

（グレーヤーズ氏）

グレーヤーズ氏の危機意識が如実に表されているが、経済学者であるケインズは、「歴史を見ると、通貨制度の変更が、約50年に一度発生している」とも述べている。マネーの大膨張が発生し、その後、通貨や国家への信頼感が激減した時に、大インフレが発生する。しかも今回は、私が提唱する「信用本位制」、すなわち、歴史上、初めてとも言える通貨制度が、間もなく崩壊するものと想定される。

今回、「パンドラの箱」が開くと、予期していない問題までもが噴出し、世界に衝撃を与えるものと考えている。なぜならば、債務や紙幣を基本にした社会では、数多くの虚偽や詐欺、あるいは、隠蔽された問題などが存在するからだ。人々が驚くような事件が、社会の色々な所で発生し、今まで、政府が嘘をついていたことに関して、金融から政治の面において露見する。民間銀行も中央銀行も、全ての悪いニュースを隠そうとするだろう、ちょうど、詐欺的なトレーダーが次の取引で儲けようとしているように。大企業も同じである。

今までに、何度も景気悪化や株価の下げを経験してきたが、この時に、似たような詐欺的事件を何度も見てきた。特に、1970年代が酷かったが、今回は、問題の規模が格段に大きく、結果として、結末も、より悲惨なものになるだろう。

各国中央銀行は、残された唯一の手段である紙幣の増刷により、事態を収拾することになるだろう。紙幣を無制限に印刷し、短期間の内に、ハイパーインフレを引き起こすのである。しかし、紙幣の大増刷は、事態を、より一層、悪くする。紙幣の増刷で借金を棒引きにする方法は、万能薬的な解決策ではない。かりに、この方法が簡単なものならば、借金をし続け、紙幣を増刷し続けたら、究極の楽園が作れることになるからだ。つまり、借金が棒引きになるとすると、この借金を基にして成り立っていた資産そのものも価値が無くなることが理解できる。

換言すると、富の破壊が、過去に経験したことがないほどの規模で発生するのである。ほとんどの金融資産は、90%から95%の価値を失うだろう。もっともありそうなシナリオは、借金が棒引きになるだけではなく、借金そのものが支払われなくなり、価値を失うことである。債務と資産の両方が、価値を失うのである。

（グレーヤーズ氏）

私自身は、前述のとおりに、「パンドラの箱」がすでに開けられ、数多くの災いが噴出している状況と考えている。今後は、いったん閉じられた「箱」が、再び開けられ、残っていた「希望」が世の中に出るものと思われる。世の中を覆っている闇に対して、希望の光が照らし始める状況である。

最高の資産防衛法は、できるだけ多くの実物の金と銀、あるいは、土地を買うことである。資源株も価格が暴騰するだろう。しかし、忘れてならないことは、金融システムそのものが、すでに投機的な状態となっており、その結果として、価格の変動が激しくなる可能性である。

金や銀を、2011年前後に買った投資家は、現在、値下がりに我慢できなくなっているように思われる。しかし、今後、パンドラの箱が開き、さまざまな問題が噴出し、金や銀が最良の資産防衛法だと気付いた時には、大きな満足感を味わうだろう。金や銀の価格は、誰もが予想しないほどの価格にまで急騰するだろう。

しかし、このことは、両刃の剣でもある。なぜならば、貴金属が、高値水準にまで高騰した時には、世界は、今日ほど快適なものではなくなるからだ。そのために、現時点で大切なことは、今日の生活を楽しみながら、金や銀が、将来の違った生活に対して、資産防衛における保険になることを知ることである。

（グレーヤーズ氏）

世界の現状は、グレーヤーズ氏のレポートのとおりの状況となっている。しかも現在では、さまざまな虚偽や不正などが日本の国会で議論されている。マネーの大膨張が、人々の心に闇をもたらしているのである。「森友学園の担当者が自殺した」という報道のとおりに、人命的な犠牲までもが出たが、このことは、まさに世の中が窮まった段階である。

■世界の現状と今後の展望

２０１８年3月23日の日経新聞で、「日銀の出口戦略、そして、日銀の新銀行法から20年」という記事が報道された。今後の最も重要なポイントの一つが、この記事に書かれている。内容を正確に理解することが、今後の投資においても、きわめて大きな意味を持っているが、この点を理解せず、単に古典的な経済理論に捉われると、大きな損失を被る可能性も存在する。

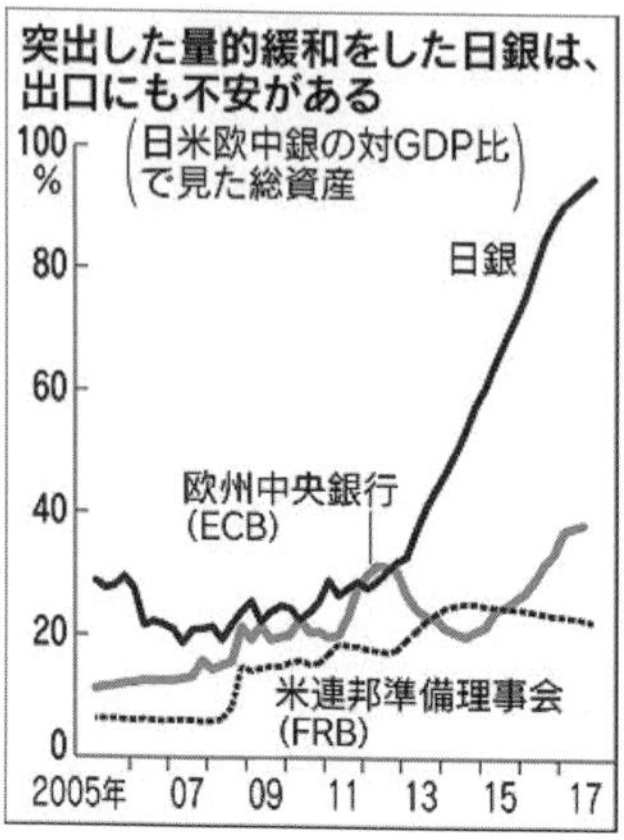

２００８年に「リーマン・ショック」が起きてから、今年で10年になる。各国の中央銀行は危機に対応した大規模な金融緩和を手じまいする出口に歩み始めている。日本も「脱デフレ」を実現すれば金融緩和の出口を探る。だが、日銀が歩む出口には、中銀の損失を巡る、国民負担と政府関与の問題が横たわる。日銀が保有する国債は、3月10日時点で約４５０兆

円と、国債発行残高の4割超を占める。日銀の総資産額は国内総生産（GDP）並み。GDPの2割程度の米国、4割弱の欧州に比べると、日銀は突出した規模にある。

（出典：日経新聞）

注目点は、中銀（日銀）の損失について、「国民負担」と「政府関与」の問題が指摘されたことであり。今後、日銀に損失が出た場合、どのようにしてこの損失を補てんするのかということである。日本経済研究センターは、20兆円に近い損失の発生と日銀が債務超過に陥る可能性を想定している。

日銀が、金融緩和の縮小に向かえば、国債保有残高は伸びが鈍り、いずれ減り始める。この段階で問題になるのが、日銀に巨額の損失が出る可能性があることだ。日銀に累計20兆円近い損失が発生し、国民負担が避けられない。日本経済研究センターは3月にまとめた報告でこう指摘した。

金融緩和を縮小すると、金利が上がり、日銀は、金融機関から預かる当座預金への利払いが増える。保有国債の金利は、すぐには上がらないため、金融の環境次第で「逆ざや」が起きるという。日銀の自己資本は8兆円程度。損失を放置すれば債務超過になる。債務超過に

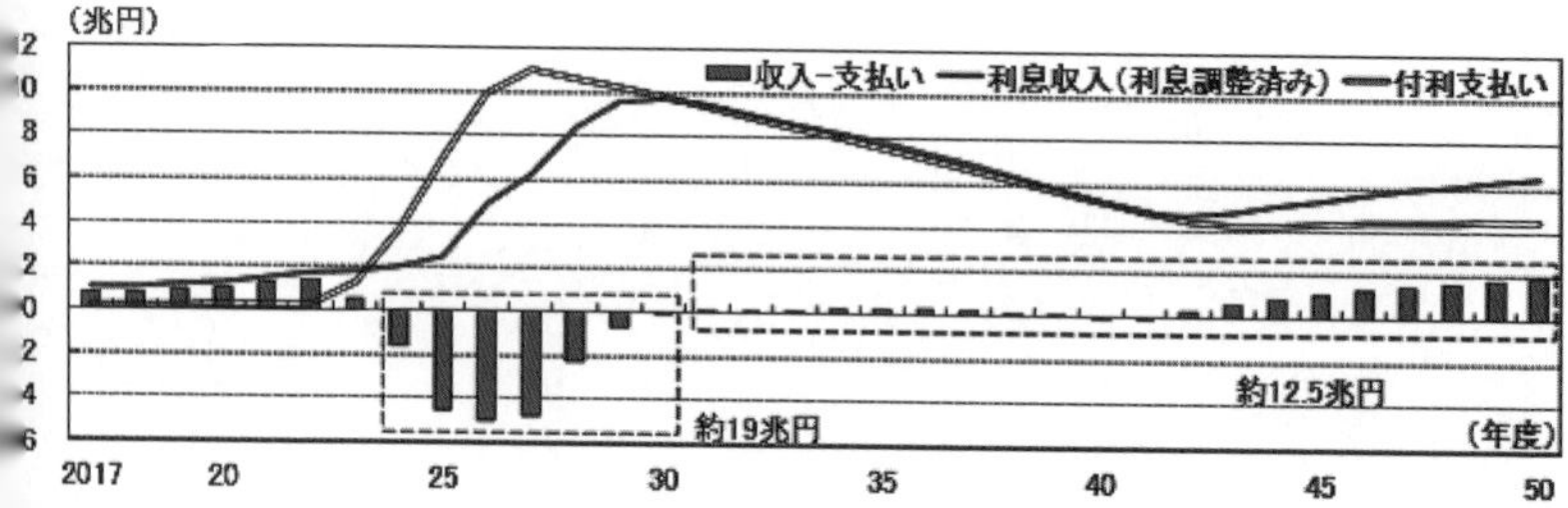

損失額の見通し

（出典：日本経済研究センター）

政策スケジュール				
年度	物価の想定	長期金利	短期金利	国債保有残高（買入年限）
2018				+40兆円（8年）
2019	日銀版コアCPIが1%に	長期金利の操作目標を5年物国債金利に		+20兆円（8年）
2020				+20兆円（8年）
2021		長期金利（5年）のターゲット0.25%に		+20兆円（7年）
2022	コアCPIが2%に			+20兆円（7年）
2023		YCC放棄、5年債0.75%（金利差0.5%）	利上げ（1回）⇒0.25%	残高維持（6年）
2024		5年債1.25%	利上げ（2回）⇒0.75%	残高維持（6年）
2025		5年債1.75%	利上げ（2回）⇒1.25%	残高維持（6年）
2026		5年債2.50%（金利差0.75%）	利上げ（2回）⇒1.75%	年20兆円残高減額（5年）
2027		5年債2.75%	利上げ（1回）⇒2.00%	2041年まで継続
2028				2042年後はGDP比20%維持

試算の前提　―― 22年度に2％に到達し23年度から利上げする場合

（出典：日本経済研究センター）

ある中銀の発行する通貨が、市場でどう扱われるかは分からない。

（出典：日経新聞）

上に掲載のグラフのとおり、２０２４年から２０２９年までの６年間に、約19兆円の損失が発生するという試算が発表されたが、この見通しについては、前提条件があまりにも現実離れした状況とも言える。２０２２年までゼロ金利が継続され、国債の買い付けも可能であるという条件となっているからだ。アメリカは、すでに出口戦略を実施しており、日本でも間もなく金利の上昇、あるいは、急騰が始まるものと想定される。

日本経済研究センターのレポートは、9割がホンネ、1割がタテマエのようにも感じられたが、1割のタテマエが債務超過に陥る時期である。約5年間の猶予期間が想定されているが、年内にも日銀の巨額赤字が発生し、日銀のバランスシートが劣化する可能性が存在する。

1998年4月施行の新日銀法は、こうした事態を想定していない。制定に携わったある日銀OBによると「これほどの大規模な金融緩和を想定していなかった」、むしろ、日銀への政府関与を弱めるため、旧日銀法にあった、日銀の損失を政府が支援する「損失補てん条項」を削った経緯がある。日銀は、今のところ、物価の目標達成が遠いとの理由で、出口の手法や財務への具体的な影響を明らかにしていない。黒田東彦総裁は、長い目で見れば必ず収益が確保できる仕組みとする。一方で、旧蔵相の諮問機関だった金融制度調査会は、銀行券の信認を確保するためにも、中銀の財務の健全性に十分な配慮が必要との答申をまとめている。

（出典：日経新聞）

資金循環統計では、現在、一般政府のバランスシートが、1284兆円の負債と574兆円

図表 1-25 統合政府のバランスシート（概念図）

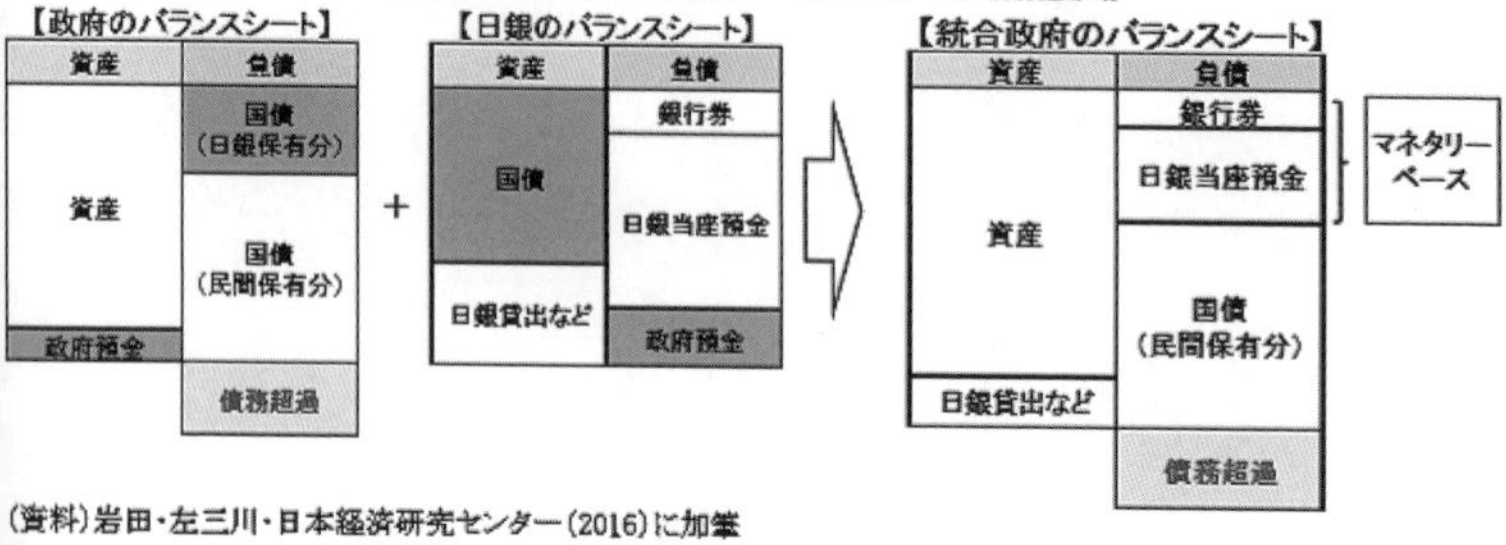

（資料）岩田・左三川・日本経済研究センター（2016）に加筆

統合政府のバランスシート

（出典：日本経済研究センター）

の資産というように、710兆円もの債務超過の状態となっている。今後は、日銀までもが債務超過の状態に陥る可能性が必然の状況であり、日本国家の信用が失われる状態を意味している。

債務超過に陥るメカニズムについては、単純化すると、次頁のグラフのとおりに、資産減少と債務増加の二種類に分類できる。日本国家の一般財政は、大量の国債発行、すなわち、負債の増加により、大幅な債務超過の状態となったが、今までは、日銀が、新たな資金の出し手となり、日本国家の財政破綻、あるいは、日本国家の債務不履行が発生しなかった。

「量的緩和（ＱＥ）」の名のもとに、日銀による国債の大量買い付けが実施され、日本国家に資金が供給されていた。しかし現在では、日銀の国債買い付けに限界点が見え始め、若干の金利上昇で、日銀が債務超過状態に陥る可能性が高

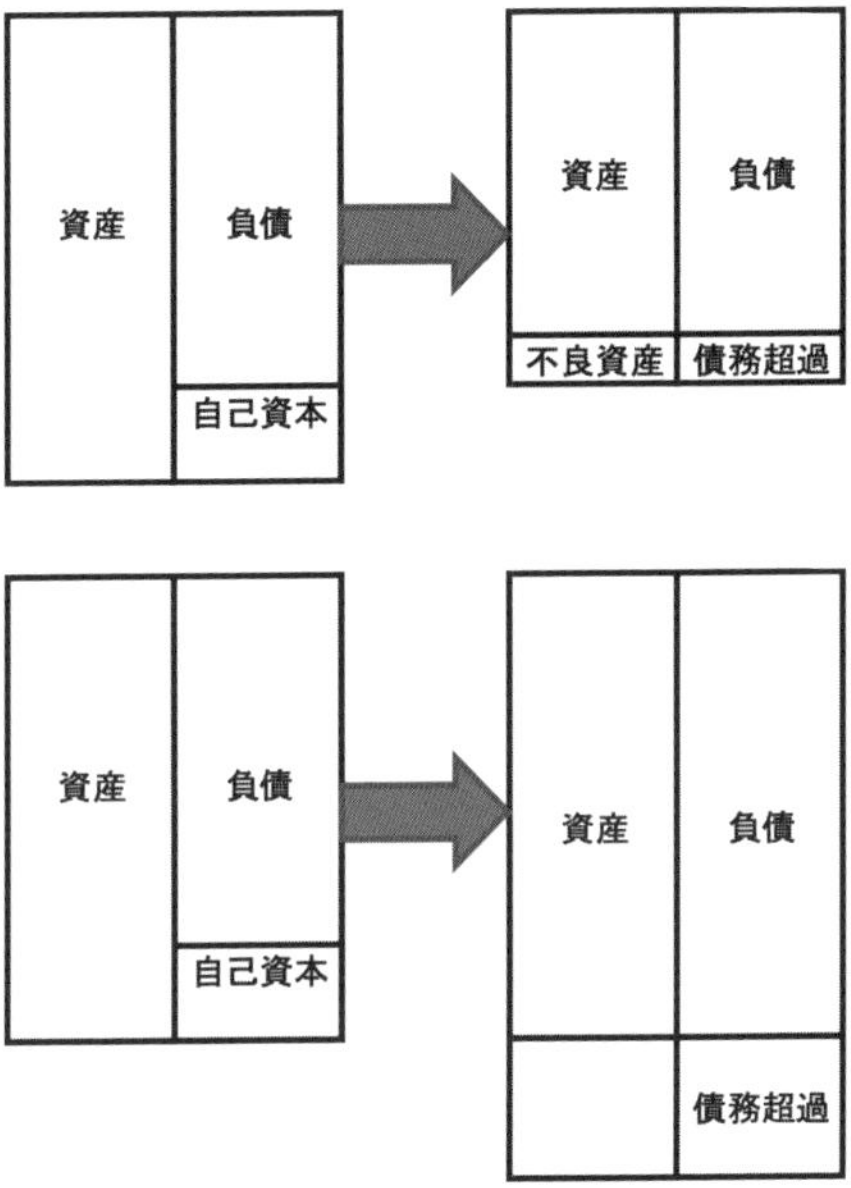

債務超過に陥るメカニズム
（出典：株式会社テンダネス）

まっている。現時点で必要なことは、債務超過に陥ると、どのような事態が発生するのかを理解することである。民間企業や民間銀行の場合、債務超過に陥ると、資金繰りの面において厳しい状況に見舞われる。高い金利を支払うか、あるいは貸し手がいなくなる状況だが、収益の改善が見込めない場合には、往々にして「破産」や「破綻」という展開となる。「お金の切れ目が縁の切れ目」というような状態だが、日銀や国家の場合には、最後の手段である「紙幣の増刷」が残されている。

この点も考慮しながら、今後の展開を考えなければいけないが、日本経済研究センターのレポートでは、今後、高率のインフレが考えられるという結論となっている。ハイパーインフレのことであり、「国民の信用が失墜すると、突如として、金利上昇は円売りにつながる恐れがある」とも述べられている。今まで申し上げてきた「市場の反乱」という「国債価格の暴落」のことだが、現在では、いつ起きても不思議でない段階に差し掛かってきた。

日銀の損失を税収で埋めるなら、国会の議決がいる。永田町では日銀の姿勢に不満が募る。出口戦略に伴うリスクなどの分析に関して、市場との対話をより一層円滑に行うことを求めたい。2017年4月、自民党の行政改革推進本部はこう提言した。日銀の損失を政府が穴埋めすれば、財政に悪影響を与える（提言にかかわった議員）ためだ。前日銀審議委員の木内登英氏は「出口で政府が損失補填すれば、日銀の独立性を脅かしかねない」と見る。2％の物価目標達成が視野に入った時点で、日銀は出口に向かうのか。そもそも金融引き締めは、景気を重視する政治家とあつれきが起きやすい。異次元緩和の後始末は、日銀の独立を改めて問うことになる。

（出典：日経新聞）

現在、日本国家は体力の限界点に達しつつある。日銀が債務超過に陥った場合、日銀への資本注入でしか債務超過の解消ができないという事実も存在する。「紙幣の増刷」は日銀の負債を増やすだけであり、決して資本の増強に繋がらないのである。国家がどのようにして資本の

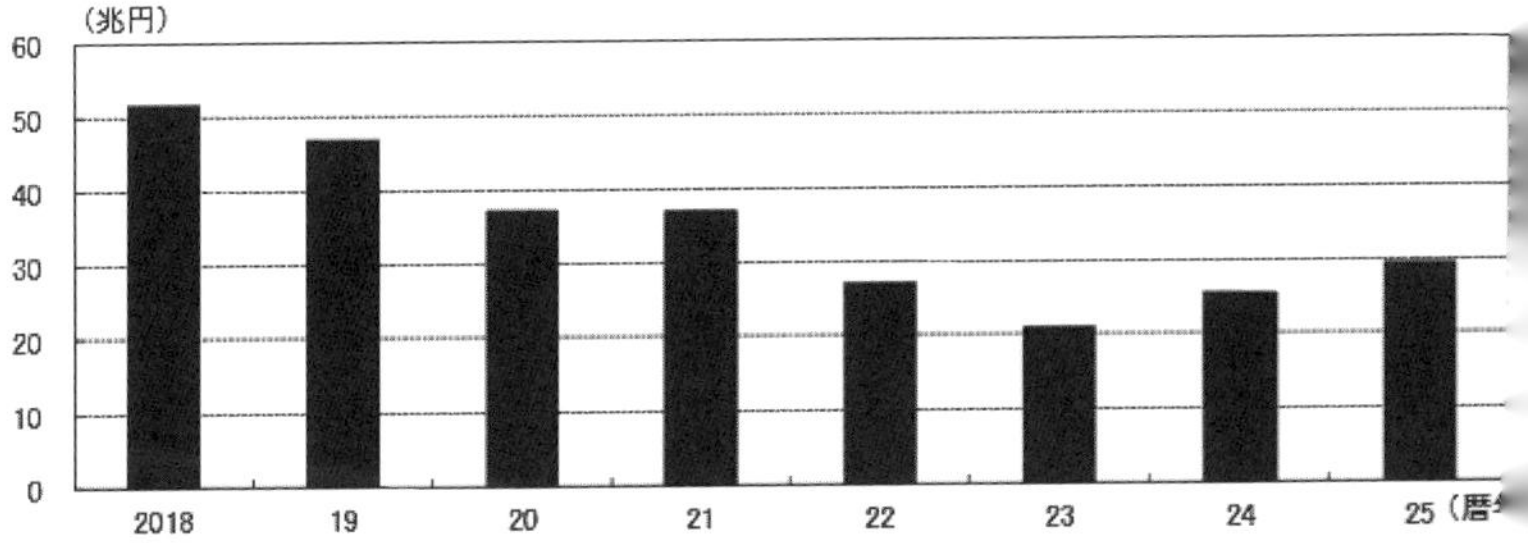

（注）見通しは日銀が2017年12月末時点で保有している国債残高に基づく。
（資料）日本銀行『日本銀行が保有する国債の銘柄別残高』

2018年は日銀が保有する国債のうち、51兆円が償還を迎える
（出典：日本経済研究センター

増強をするのかについても、「政府の資金繰り」や「今後、誰が日本国債を買うのか」という大きな問題点が存在する。

結論としては、1945年の日本や1923年のドイツ、あるいは、1991年のソ連などのように、無制限に紙幣の大増刷を実施して、ハイパーインフレで借金を棒引きにする政策しか残されていない状況である。現在は、日本人全体が、金融面において、座して死を待つような状況となった。日経新聞や日本経済研究センターまでもが、現状を理解し、警告を発し始めた段階に差し掛かってきたのである。

今後の注目点は、2018年に多額の国債が償還を迎える事実である。「今後、誰が日本国債を買うのか」、そして、「買い手がいなくなると、国債価格の暴落が始まる可能性」も考えなければいけない。日本国家の体力が、

いつ限界点を迎えるのかということであり、この点に関して、次のコメントを紹介したい。

■ビル・グロス氏の超新星

2016年6月に、「債券王」と呼ばれる「ビル・グロス氏」が言及した「超新星」を調べると、実に興味深い事実が浮かび上がるとともに、「現在の世界的な金融情勢とそっくりではないか」とも感じさせられた。「超新星」とは、「大質量の恒星が、その一生を終えるときに起こす大規模な爆発現象」のことだそうだが、このことは、現在の「マネーの大膨張」に重なって見えるのである。

また、最後の段階では、「核融合ができなくなり、赤色巨星の重力崩壊が始まる」とも説明されているが、このことは、「核融合により、恒星が膨張を続けている間は、問題が起きないものの、いったん、核融合が止まると、発生した鉄の分解により、自らの重力に耐えきれなくなり、爆発現象が発生する」という状況である。

この事実を、現在の「マネー経済」に当てはめると、「信用創造」により、「マネーの大膨張」が継続している間は、問題が起きないものの、その後、「信用の食い潰し」が始まり、限界点に達した時に、「崩壊的な爆発現象が起こる」という状況が考えられる。2008年前後に、「デリバティブ（金融派生商品）」の大膨張が終了し、その後、いわゆる「量的緩和」が実施された状況である。典型的な「リフレーション（通貨膨張）政策」でもあったが、現在では、中央銀行や民間銀行が、マイナス金利の弊害に耐えきれなくなっているのである。

具体的には、「三菱東京ＵＦＪ銀行」が、財務省の許可を得て、プライマリーディーラーの資格を返上したという事実が、このことを、まざまざと物語っている。「赤色巨星の重力崩壊」とも言える事態が、世界の金融界で発生しているのである。いったん、国債価格の暴落が始まると、世界の金融システムや通貨制度は、ほぼ瞬時に崩壊する可能性である。反対の観点からは、ようやく異常な時代が終了し、新たな時代の始まりを告げる事件の一つとも考えられるが、現時点では、やはり、「実物資産」を保有することにより、「自分の資産を、爆発現象から守る」という態度が望ましいものと考えている。

■バブル破裂のメカニズム

「ビル・グロス氏」が言及した「超新星」を調べて感じたことは、「バブルは崩壊するのではなく、破裂するのではないか」ということであり、また、「恒星に限らず、国債バブルや風船なども、全てが同じメカニズムで破裂するのではないか」ということだった。大膨張したものは、必ず破裂する運命にあるが、この時の問題点は、やはり、時間的な違いであり、「風船」の場合には、数十秒や数分という時間で破裂が発生するのである。

しかし「恒星」の場合には、数億年から数十億年、そして「金融」の場合には、数年から数十年の時間が必要とされる。

また、「破裂のメカニズム」については、風船の例からも明らかなように、最初は「吐いた息」が原動力となり、「限界点にまで、ゴムが伸び切る状態」となるが、この時の注目点は、その後に「風船内外の圧力差により、ゴムに穴が開く」という状況である。ほぼ瞬間的に破裂し、内外の圧力差が均等になるが、このメカニズムを、現在の金融情勢に当てはめると、実に興味深い事実が浮かび上がってくる。

前述のとおりに、「2007年のサブプライム問題」と「2008年のリーマン・ショック」の前後に、「デリバティブ（金融派生商品）」も含めて「マネーの大膨張」が限界点に達したが、その後の「量的緩和」が、実は「ゴムが劣化するような状況」であり、現在、世界の金融システムで発生しているのである。つまり、先進各国の中央銀行が、民間金融機関の預金を国債に入れ替えたのである。

しかも2016年には、「マイナス金利」までもが実施された。このことは「金融システムの内部に穴が開き始めた段階」を意味している。間もなく「マネーバブルの破裂」が発生し、その時には、「マネー経済」と「実体経済」との間で、ほぼ瞬間的に圧力差が消滅する状況が想定される。

「インフレの大津波」が、はっきりと姿を見せ始める状況である。やはり「２００８年のリーマン・ショック」が「金融の大地震」であり、その後「インフレの大津波」が、海中の深いところで、静かに潜行していたようだ。

■ホーキング噴射と特異点

２０１８年3月14日に「ホーキング博士」が逝去されたが、博士の人生を振り返ると、人間の尊厳は必ずしも肉体だけにあるのではなく、精神や知識にも存在するという事実を再認識させられた。

また、博士の業績を振り返ると、「ホーキング噴射」と「特異点」の理論は、現在の経済学にも応用可能なようにも思われた。「ブラックホールは非常に強い重力を持ち、あらゆる物をのみ込むものの、周囲にのみ込む物がない状態では、逆にエネルギーを放出して蒸発する」という「仮説」である。

過去数十年に発生した「マネーの大膨張」が「ブラックホール」に相当し、「人間の欲望」を飲み込んだのである。また、「２００８年前後のＧＦＣ（グローバル金融危機）」が「特異点」という「大膨張の限界」でもあった。そして、その後、「エネルギーを放出して蒸発する過程」に入ったが、実際には、世界各国はどのような手段を使っても許されるという認識のもとに、「非伝統的な金融政策」が世界的に実施されたのである。

中央銀行のバランスシートを大膨張させ、国債の大量買い付けが行われたが、現在では「出口戦略」が実施され始め、「日銀の債務超過」までもが危惧されている。「金融システムのメルトダウン」が進展し、通貨価値の蒸発が始まった段階である。

今後、世界的な国債価格の暴落が始まった時に、先進各国が紙幣の大増刷を始める可能性が高まっている。このことが、私自身が受け取った「ホーキング博士からのメッセージ」だった。時間的な余裕が無くなり、本格的な「大インフレ」が世界的に始まる可能性だが、やはり「2018年の9月」が気に掛かる。

■知らぬは国民ばかりなり

現在、米国のFRB、そして日銀などは、ある程度、ホンネを語り始め、金融市場は敏感に反応し始めている。「米国の利上げ」や「日本のステルス・テーパリング」のように、今までの非伝統的な金融政策に限界点が訪れ、いろいろなメッセージが発信されているのである。

また、「株価の急騰」という典型的なインフレの兆候も見受けられるが、一方で「知らぬは国民ばかりなり、あるいは、知らぬは日本人ばかりなり」というような状況も発生している。いまだにデフレという言葉を信じ、世界の実情を見ようとしないからだが、この点については、心理的な慣性の法則も深くかかわっているものと考えている。「今までインフレや金利の上昇が起きなかったから、これからも起きないだろう」と考え、長期間に及んだ過去の低金利や低インフレ率が、今後、大きな反動をもたらすことを忘れているからである。

「上がったものは必ず下がり、反対に、下がったものは必ず上がる」という循環的な動きが歴史の真理である。金利やインフレ率なども例外ではない。政府や金融当局者はこの事実を熟知しているが、今までは、ありとあらゆる政策を実施して、時間稼ぎと問題の先送りを目論んでいた。

最近の変化は、全ての手段が使い果たされ、水面下で本格的なインフレが始まった状況である。すでに国民に対して、徐々に、いろいろなメッセージを発信している段階、すなわちホンネが語られ始めた状況である。

しかし多くの国民は、株価の上昇や好景気に浮かれるだけで、「真の原因」や「真の実情」を考えようともしない。マネー経済の破裂が引き起こす「インフレの大津波」であり、この点については、今後、日経平均が3万円を超えたあたりから、広く認識されるものと考えている。

終わりに

聖書に「人は神と富とに兼ね仕えることができない」という言葉がある。

過去の歴史をたどると、まさにこの通りの状況だった。西暦1200年から西暦2000年までが西洋の時代であり、富の時代だった。人々は目に見えるものを求め、最後の段階でマネーの大膨張が発生した。また、西暦400年から西暦1200年は、東洋の時代であり、神の時代だった。それまでの物質文明を放棄し、ローマ人が神とともに生きたのである。

なぜ、このようなことが起きたのだろうか。

これが、私のライフワークだった。

「お金の謎」と「時間のサイクル」、そして、「心の謎」を考えることである。

幸いなことに、二人の恩師に恵まれた。一人は、芹沢文子先生である。芹沢光治良氏の三女として生まれ、東京音楽大学の教授を勤められた。1998年から、先生が主宰する「竜庵《りょうあん》」という「心の学び」の勉強会に参加し、神や愛を学ぶことができた。

もう一人は、降旗節雄先生である。マルクス経済学者で筑波大学の名誉教授である。

1999年から、「ポスト資本主義研究会」に参加し、富や歴史を学ぶことができた。

降旗先生は、2009年に、あの世に旅立たれたが、外見も内容も富士山のような方だった。大きな身体に色白と、まさに富士山を彷彿とさせる容貌であり、また、純粋な探求心を最後まで持ち続けた方でもあった。中国の薬箱のように、さまざまな引出しを持っておられ、いろいろなことを学ぶことができた。今でも、先生の言葉が浮かんでくる。

「本間君、共産主義は誤訳だよ。コミュニズムはコミュニティ（共同体）だ。本当は、共同体主義と訳さなければいけなかった」

「日本の経済学者は、95％の人が真剣に歴史や現状を研究していない」とも嘆いておられた。

文子先生は、聖母マリアのような、愛と優しさを持った方だった。あの世に旅立つ前日まで、我々のことを気遣っておられた。

「こんな姿になっても喜ばなくちゃいけないのね」

これが、芹沢文子先生が、2015年7月3日の最後の勉強会で、ふと漏らした言葉だった。数年前に末期の肺がんを患い、その時には奇跡的に回復されたが、肺が潰れたために、携帯式の酸素吸入器を使わざるを得なくなったのである。

「まるで、鎖に繋がれた犬みたいね」

自由を好み、束縛されることを嫌った文子先生にとって、酸素吸入器は、苦痛以外の何物でもなかった。そして前述の言葉が出たが、私はある種の違和感を覚えた。

「喜ばなくても良いんじゃないか、苦しい時には、苦しいと言えばいいのではないか」というのが、その時の感想だったが、説得できるだけの材料は持ち合わせていなかった。一週間ほど考え続け、結論が出たために文子先生に電話した。

「光治良先生も、ご著書の『神シリーズ』で、イエスキリストが十字架で掌に釘を打たれた時の話をされていますね」

「そうなのよ、夜中に天の将軍と修行をした時に、実際にイエスキリストの痛みを味わえと言われたそうなのよ」

「しかし、その時には何も言わなかったの。私も気付かず、お箸が持てないからどうしたのかと不思議がったのよ」

文子先生も、神シリーズが出てから真相に気付かれたそうだ。この時の痛みを、光治良先生は、どのように受け止めたのかが、病気を患っている文子先生に、参考になるようにも感じた。

「光治良先生は、その時、ただ痛みに耐えていたんじゃないですか。そして、痛みが和らぐとともに、徐々に、イエスと同じ痛みを味わえた喜びが湧き上がってきたのではないでしょうか」

「確かにそうね。お電話有難う」

これが、文子先生と私の最後の会話だった。その一週間後に、文子先生は、天に帰られた。

「電話すべきだったのだろうか」

しばらく悩み続けたが、現在では、私が天に帰った時に、文子先生から、お答えが聞けるものと楽しみにしている。

文子先生のおかげで「心の座標軸」が完成した。「火、水、風の理論」を応用したものである。火が情熱、水が理性、そして、風が時代の流れと理解した。また、降旗先生からは「共同体と市場主義」を教えていただいた。二つの理論が融合したのが、２０１６年5月だった。現在では、この理論の正しさに、より一層、確信を抱いている。

この世とあの世の違いは、お金と時間と心だと考えている。ようやく、「お金の謎」と「時間のサイクル」が理解できた。今後は、残された「心の謎」を、より深く研究したいが、ニュートンは、「万有引力は理解できたが、心の問題は難しくて理解できない」とも述べられている。

「世の中は円であり、私は、円の半分しか研究できなかった」

降旗先生は、晩年、このように述べられ、老子の研究に励まれた。

「日々の出来事は、神様からのメッセージよ」

文子先生の言葉が思い出される。この言葉を励みにして、日々研究に邁進したいと考えているが、同時に思い出されることは、芹沢光治良先生の言葉である。

「文学は、物言わぬ神の意志に言葉を与えることである」

私が、二人の恩師から学んだことは、結局のところ、次のことだった。

「人生は、物言わぬ神の愛に気付く旅路である」

◎著者紹介

本間　裕（ほんま　ゆたか）

1954年　新潟県生まれ。
1977年　東京外国語大学卒業後、大和証券入社。
1983年　ロチェスター大学経営大学院修士課程（MBA）修了。
　　　　その後、アメリカ大和、大和香港、本社エクイティ部で株式担当を歴任。
2000年5月　同社退社後、投資顧問会社の代表取締役に就任。
　　　　現在、（株）テンダネスの代表をつとめる。

1999年から、日本証券新聞にコラムを連載中。西洋学と東洋学、そしてマネー理論を総合した「本間理論」にもとづく現代分析と株式予想が好評を博している。1997年の「信用収縮」や2000年の「インターネットバブル崩壊」、そして2001年の「9･11ワールド・トレードセンタービル事件」、2007年からの「金融大混乱」などを、ズバリ予測した。著書に『マネーの逆襲』（白順社）、『マネーの原点』（マルジュ社）、『マネーの精神』（社会評論社）、『未来予測への挑戦』（白順社）、『金融大地震とインフレの大津波　未来予測への挑戦（Ⅱ）』（社会評論社）などがある。

金融メルトダウンが世界を襲う
マネーと時間と心の一般理論

2018年6月13日　初版第1刷発行

著　者――――本間　裕
装　幀――――右澤康之
発行人――――松田健二
発行所――――株式会社 社会評論社
　　　　　　東京都文京区本郷2-3-10
　　　　　　電話：03-3814-3861　Fax：03-3818-2808
　　　　　　http://www.shahyo.com
組　版――――Lunaエディット.LLC
印刷・製本――倉敷印刷株式会社

Printed in japan